主流媒体
讲好中国体育故事话语研究

王晓晨◎著

人民体育出版社

图书在版编目（CIP）数据

主流媒体讲好中国体育故事话语研究／王晓晨著. -- 北京：人民体育出版社，2023（2024.10重印）
ISBN 978-7-5009-6364-6

Ⅰ.①主… Ⅱ.①王… Ⅲ.①体育－新闻报道－新闻语言－研究－中国 Ⅳ.①G212.2

中国国家版本馆CIP数据核字（2023）第197752号

*

人 民 体 育 出 版 社 出 版 发 行
北京明达祥瑞文化传媒有限责任公司印刷
新 华 书 店 经 销

*

710×1000 16开本 8.5印张 141千字
2023年10月第1版 2024年10月第2次印刷

*

ISBN 978-7-5009-6364-6
定价：50.00元

———————————————

社址：北京市东城区体育馆路8号（天坛公园东门）
电话：67151482（发行部） 邮编：100061
传真：67151483 邮购：67118491
网址：www.psphpress.com

（购买本社图书，如遇有缺损页可与邮购部联系）

前 言
FOREWROD

习近平总书记在党的二十大报告中强调要"坚守中华文化立场，提炼展示中华文明的精神标识和文化精髓，加快构建中国话语和中国叙事体系，讲好中国故事、传播好中国声音，展现可信、可爱、可敬的中国形象"。中国体育故事既是传播体育文化的重要载体，也是中国故事的重要内容。在努力建设体育强国的征程中，中国主流媒体应该创新传播手段，凝聚民族力量，讲好中国体育故事，塑造中国体育形象。

本书以中国主流体育媒体新华体育推特（Twitter）账号（@XHsport）讲好中国体育故事的话语实践为研究对象，以2017年1月至2021年8月新华体育推特账号上所有属于中国体育故事范畴内的推文为研究文本，以托伊恩·梵·迪克（Teun A. Van Dijk）的话语分析理论为话语分析的主要依据，同时参照了议程设置理论和高低语境理论，主要采用文本分析法和话语分析法进行研究，从文本视角和语境视角分析新华体育推特讲好中国体育故事的话语特征，总结其话语建构存在的问题并提出相应策略，为今后中国主流媒体讲好中国体育故事的话语建构提供有益参考。

本书理论研究层层深入，理论研究与实践研究结合紧密，形成了一套完整的研究框架，并取得了丰硕的研究成果。第一，主流媒体讲好中国体育故事的话语特征表现：从文本视角来看，中国梦故事、中国体育文化故事和中国体育交流故事为主要的话语主题，文字、图片、视频和链接为主要的话语传播形式，陈述句为主要的叙事手法，善用名词、动词、形容词和数词等词汇和修辞提升话语传播效果，措辞风格客观公正严谨、趋向大众化；从语境视角来看，新华体育推特在讲好中国体育故事的话语建构中立足国家政治的背景环境，新华体育运营团队和 Twitter 平台特点以及海外受众的习惯和喜好亦影响话语的生产与接收。第二，主流媒体在讲好中国体育故事的话语建构中存在不足之处，主要表现为中国体育故事话语主题议程设置能力欠缺、话语表达形式手段创新不足、话语互动反馈能力不足及主流媒体对中国体育故事话语传播规律认知不清。

习近平总书记指出"体育是展示国家文化软实力的重要平台"，中国体育故事是中国故事的重要组成部分，讲好中国体育故事不仅是新时期体育强国建设的目标，而且是中国主流媒体提高体育对外传播能力的重要方式。中国主流媒体海外社交平台在讲好中国体育故事的话语建构中，一是要优化中国体育故事话语内容，提升话语建构的创造力；二是要创新中国体育故事话语形式，提升话语建构的表现力；三是要加强中国体育故事话语互动，提升话语建构的融通力。

目 录
CONTENTS

第一章 绪 论 001
  一、研究缘起：讲好中国体育故事的三个语境 002
    （一）对习近平总书记"讲好中国故事"重要论述的贯彻落实 002
    （二）我国提升国际体育话语权的有力手段 003
    （三）体育主流媒体提升国际传播力的需要 005
  二、研究目的及意义 006
    （一）研究目的 006
    （二）研究意义 007
      1. 理论意义 007
      2. 现实意义 007
  三、理论依据 008
    （一）话语分析理论 008
    （二）议程设置理论 008
    （三）高低语境理论 009
  四、研究重点、难点、创新点 010
    （一）研究重点 010
    （二）研究难点 011
    （三）研究创新点 011

第二章 主流媒体讲好中国体育故事话语研究的概念界定与文献综述 012
  一、相关概念界定 012

（一）主流媒体 ·· 012
　　（二）中国故事 ·· 013
　　（三）中国体育故事 ·· 014
二、关于主流媒体对外传播的研究综述 ······························ 015
　　（一）关于我国主流媒体对外传播历史的研究 ···················· 015
　　（二）关于我国主流媒体对外传播现状的研究 ···················· 017
　　（三）关于我国主流媒体海外社交平台对外传播的研究 ············ 018
三、关于讲好中国体育故事的研究综述 ······························ 021
　　（一）关于讲好中国故事与对外传播的研究 ······················ 021
　　（二）关于主流媒体讲好中国体育故事的研究述评 ················ 024
四、关于国内外话语分析研究综述 ·································· 025
　　（一）国内话语分析研究综述 ·································· 025
　　（二）国外话语分析研究综述 ·································· 027
五、研究现状评价 ·· 028

第三章　主流媒体讲好中国体育故事话语研究的基本设计 ·············· 030
一、研究对象 ·· 030
二、研究方法 ·· 031
　　（一）文献资料法 ·· 031
　　（二）话语分析法 ·· 031
　　（三）文本分析法 ·· 032
三、研究设计与思路 ·· 033
　　（一）研究设计 ·· 033
　　（二）研究思路 ·· 034

第四章　主流媒体讲好中国体育故事的话语特征 ······················ 035
一、新华体育推特中国体育故事推文的基本情况 ······················ 035
　　（一）中国体育故事推文的发布频率：以体育赛事为据点发布 ······· 036
　　（二）中国体育故事推文的呈现形式：以图文搭配为主要形式 ······· 037
　　（三）中国体育故事推文的文本类型：以原创推文为主要类型 ······ 039
　　　　1. 原创型推文 ·· 039

2. 转发型推文 ……………………………………………… 039
　　3. 内容再生产型推文 ………………………………………… 040
　（四）中国体育故事推文情感：以客观中立为主要情感 ………… 042
二、新华体育推特讲好中国体育故事的话语特征 ………………………… 042
　（一）文本视角：多元话语模式建构中国体育故事 ……………… 042
　　1. 宏观主题分析 ……………………………………………… 043
　　2. 微观话语表达 ……………………………………………… 056
　（二）语境视角：立足时代语境建构中国体育故事 ……………… 071
　　1. 背景语境：国内外政治环境 ……………………………… 072
　　2. 话语生产语境：新华体育推特媒介定位和运营特点 …… 073
　　3. 话语接收语境：海外受众的习惯和喜好影响 …………… 075

第五章　主流媒体讲好中国体育故事话语建构效果 …………………… 076

一、通过点赞获得关注认可：建构中国体育人物故事，话语形式多元化 … 076
　（一）新闻话语主题内容主要集中于中国运动员体育故事 ……… 078
　（二）新闻话语呈现方式更倾向于"文字+"的体育故事 ……… 079
二、通过转发扩大社会联系：建构中国体育热点议题，话语聚合力增强 … 079
三、通过评论构建话语联系：建构多种类型互动评论，话语交互性提高 … 081
　（一）积极互动型评论 …………………………………………… 083
　（二）群众体育型评论 …………………………………………… 083
　（三）体育明星效应型评论 ……………………………………… 084

第六章　主流媒体讲好中国体育故事话语建构的不足 ………………… 086

一、宏观话语主题方面：中国体育故事话语主题议程设置能力欠缺 …… 086
二、微观话语表达方面：中国体育故事话语表达形式手段创新不足 …… 087
三、话语建构效果方面：主流媒体对中国体育故事话语互动反馈能力不足 … 088
四、话语传播认知方面：主流媒体对中国体育故事话语传播规律认知
　　不清 ……………………………………………………………… 089

第七章　主流媒体讲好中国体育故事话语建构策略 …………………… 091

一、优化中国体育故事话语内容，提升话语建构的创造力 …………… 091

（一）创新话语主题，凸显中国体育故事话语主题的民间化 ………… 091
　　（二）转变传播视角，凸显中国体育故事话语传播的草根化 ………… 092
　　（三）转换话语思维，凸显中国体育故事话语传播的故事化 ………… 093
　二、创新中国体育故事话语形式，提升话语建构的表现力 …………… 094
　　（一）采用多模态话语表现形式，突出中国体育故事话语传播的技术
　　　　　表现力 …………………………………………………………… 095
　　（二）多挖掘平台特点，突出中国体育故事话语传播的平台表现力 … 095
　　（三）多创新传播矩阵，突出中国体育故事话语传播的聚合表现力 … 097
　三、加强中国体育故事话语互动，提升话语建构的融通力 …………… 098
　　（一）加强受众互动反馈，建立中国体育故事话语互动的强关系 …… 098
　　（二）注重故事情感传播，建立中国体育故事话语互动的共情力 …… 099
　　（三）优化故事传受语境，建立中国体育故事话语互动的情境化 …… 100

第八章　结　语 ……………………………………………………………… 102
　一、主流媒体讲好中国体育故事符合对外传播要求 …………………… 102
　二、主流媒体讲好中国体育故事采用多元话语模式 …………………… 102
　三、主流媒体讲好中国体育故事兼顾多重话语语境 …………………… 103
　四、主流媒体讲好中国体育故事话语建构存在不足 …………………… 103
　五、主流媒体讲好中国体育故事话语建构需要完善策略 ……………… 103

参考文献 ……………………………………………………………………… 105

附录 1 ………………………………………………………………………… 110

附录 2 ………………………………………………………………………… 118

绪 论 / 第一章

习近平总书记在党的二十大报告中强调要"加快构建中国话语和中国叙事体系,讲好中国故事、传播好中国声音,展现可信、可爱、可敬的中国形象。加强国际传播能力建设,全面提升国家传播效能"。从加快构建中国话语体系的角度来看,我国在对外交流和信息传播方面需要扩展交流平台和革新技术手段。中国故事经过了五千年的洗礼,越发凸显丰富的中国历史底蕴和文化内涵,进入新时代的中国,创新性地利用"故事"的微观话语建构做好对外宣传工作,无疑更有利于助力中华民族伟大复兴的实现。在我国已经建立与全面建成小康社会相适应的体育发展新机制的前提下,在竞技体育实力、全民健康水平、公共体育服务体系、体育产业高质量发展均取得新进展的背景下,中国体育故事是传播体育文化的重要载体,也是中国故事的重要内容。

随着计算机技术和网络通信技术的日益发达与变革,社交媒体平台已成为网络发展的主要阵地。社交媒体凭借独特的发展特性为中国主流媒体的内外传播提供了崭新的机会。Twitter(推特)、Facebook(脸书)、YouTube(油管)等应用作为海外的主要社交平台,不仅国际受众范围相对较广,而且在世界各国的对外传播中,各国主流媒体已然将其作为主要传播平台。与此同时,我国主流媒体也逐步参与到了海外社交平台的阵地中,如新华社和人民日报社等,以期向世界人民讲好中国故事、传播好中国声音。不过,根据目前的国际传播环境来看,中国主流媒体在对外传播的发展中,其技术条件和媒体条件等都与西方主流媒体存在一定差距,在国际社会上的传播影响力较弱。因为体育具有政治功能、文化功能、外交属性和国际化属性,使中国体育故事具有区别于其他中国故事的独特属性[1]，具有较强的传播力，可以进一步拓展成为中国故事的有效传播内容。关于主流媒体讲好中国体育故事，无论是媒体实践还是科学研究均稍显滞后，策略提升和观点提炼还有较大的上升空间。

一、研究缘起：讲好中国体育故事的三个语境

（一）对习近平总书记"讲好中国故事"重要论述的贯彻落实

2013年8月，习近平总书记首次提出要"讲好中国故事"，开始对新闻宣传工作指出了"讲故事"的要求。这是习近平总书记在继承、借鉴和发展马克思主义宣传思想和党的历届领导集体宣传思想的前提下，结合当下国际、国内局势而提出的。在此之后，"讲好中国故事"的内涵、要求、方法等相关内容在各个场合被习近平总书记反复提起。2017年10月，"讲好中国故事"被正式写入党的十九大报告，报告原文为"推进国际传播能力建设，讲好中国故事，展现真实、立体、全面的中国，提高国家文化软实力"。此后的几年，习近平总书记不断在各种会议的讲话中对"讲好中国故事"提出明确要求，体现了以习近平同志为核心的党中央对讲好中国故事工作的重视。2018年8月，习近平总书记在全国宣传思想工作会议上强调，坚持讲好中国故事、传播好中国声音，是做好宣传思想工作的根本遵循，必须长期坚持、不断发展。2019年9月，习近平在致中国外文局成立70周年的贺信中指出："70年来，中国外文局对外全面宣介中国发展变化，积极促进中外友好交流，为讲好中国故事、传播好中国声音发挥了重要作用。"这些有关"讲好中国故事"的重要论述都是对宣传思想工作和对外宣介工作的明确要求。

习近平总书记始终把马克思主义理论当作国家建设的指导思想，其近年来在会议、活动、出访中关于"讲好中国故事"的重要论述就是在用马克思主义宣传思想来分析解决中国对外传播难题。特别是当今世界处于百年未有之大变局中，全球化背景下伴随着国家之间多频率、多领域、多渠道的沟通和交往，多元价值观在冲突、碰撞过程中需要消弭并融合。在打破冲突和碰撞的过程中，

---

[1] 游迎亚，王相飞，宋菲菲. 讲好中国体育故事提升国际话语权的价值维度与叙事策略[J]. 武汉体育学院学报，2021，55（5）：12-19.

想通过加强对外宣传工作提升国家文化软实力和国家形象,"讲好中国故事"是非常好的手段之一。用情、用心、用功"讲好中国故事"有利于让世界了解真实的中国,因此,充分挖掘传统技艺、传统体育、传统历法、传统文学等中国优秀传统文化,以及红船精神、长征精神等中国革命的斗争精神和航天航空精神等社会主义先进文化是中国故事的重要内容,也是构建中国故事话语体系的重要文化符号。

要想"讲好中国故事",需要解决"讲什么故事"和"怎么讲故事"两大核心问题。中国历史悠久、文化灿烂;中国故事门类繁多、形态各异,习近平总书记就"中国故事"提出了五个维度的内容,即中国社会、中国梦、中国人、中国文化及中国发展。这回答了"讲什么故事"的问题,但还需要做好"怎么讲故事",包括主流新闻媒体怎么讲、文艺作品怎么讲、体育活动怎么讲、学校课堂怎么讲。推进"讲好中国故事"这项工作一不能忽略故事内容,二不能忽略讲述方法。关于"怎样讲好中国故事",习近平总书记指出:"讲故事就是讲事实、讲形象、讲情感、讲道理,讲事实才能说服人,讲形象才能打动人,讲情感才能感染人,讲道理才能影响人。"

体育故事作为中国故事的重要构成要素,具备区别于其他中国故事的国际化和全球化视野、外交性和文化性属性,在进行对外传播时具有天然的优势。体育活动作为展现国家体育风貌及体育精神的主要活动,特别是大型国际性体育活动,有着国际范围的关注度和参与度,体育活动中所呈现的竞技、展演、人文景观均可成为体育故事的主要叙述内容,同时体育活动本身亦是短期最有效的体育故事的宣传载体。在我国全力推进体育强国建设的征程中,需要借助各类体育活动讲述中国体育故事,这不仅是讲好中国故事的有力支撑,更是推进体育强国建设的基本遵循,同时也是加强体育国际话语权的重要手段。

(二)我国提升国际体育话语权的有力手段

从 2013 年第一次提出"讲好中国故事"至今,习近平总书记曾多次将增强国际话语权、加强话语体系建设与讲好中国故事紧密联系。国际话语权在国家权力的博弈中占据关键地位,是否具有国际话语权在一定程度上决定了能否在国际纷争中为国家利益发声。每个国家的话语权力和地位不仅依靠国家经济实力,而且受国家文明程度、话语传播内容和技巧等多元因素的影响。但是长久以来,特别是清代前期开始,我国开始闭关锁国,进入近代以来,由于经济发展缓慢、国家内忧外患,我国在国际社会一度处于"失语"状态。在国际社会以西方话语霸权为主导的背景下,我国不是主动地进行话语建构,而是被动地完成了建构过程。因此,我国在国际社会呈现的面貌是他者建构并塑造的,并不是真正的中国形象。

我国对于话语传播带来的效能认知不清,自身话语传播能力不强,改变当前国际话语地位的动力不足,都严重影响了我国提升国际话语权的操作实践,特别是在话语生产语境把控、国际舆论议题设置方面,我国长期处于被动接受的状态,主动引导明显不足。习近平总书记在十八届中央政治局第十二次集体学习时的讲话中指出:"应该承认,对国际话语权的掌握和运用,我们总的是生手,在很多场合还是人云亦云,甚至存在舍己芸人现象。"可见,"讲好中国故事"无疑是我国提升国际话语权的有效手段。习近平总书记要求我们将中国故事宣传出去、传播出去,只有这样才能向世界展示真正的中国,改变亦步亦趋的被动角色。

提升国际话语权不仅要靠国家综合国力,而且要靠话语本身特征和话语体系建构策略,要持续打造鲜活、实用的国际传播战略来提升话语能力。2019年1月25日,习近平总书记在十九届中央政治局第十二次集体学习时的讲话中指出:"我们要把握国际传播领域移动化、社交化、可视化的趋势,在构建对外传播话语体系上下功夫,在乐于接受和易于理解上下功夫,让更多国外受众听得懂、听得进、听得明白,不断提升对外传播效果。"利用国际化传播媒体和平台进行对外传播,传播海外受众喜闻乐见的内容,无疑是有效提升国际话语权的良方。2021年5月31日,习近平总书记在主持中共中央政治局就加强我国国际传播能力建设的第三十次集体学习时强调:"要深刻认识新形势下加强和改进国际传播工作的重要性和必要性,下大气力加强国际传播能力建设,形成同我国综合国力和国际地位相匹配的国际话语权,为我国改革发展稳定营造有利外部舆论环境,为推动构建人类命运共同体作出积极贡献。"在新时代,国际话语权的建立、巩固、夯实与提升显得格外重要。

2019年8月,国务院办公厅印发的《体育强国建设纲要》指出,为充分发挥体育在全面建设社会主义现代化国家新征程中的重要作用,要大力提升中国体育国际影响力，拓展对外传播优势平台，扩大我国在国际体育事务中的影响力和话语权。在我国努力建设体育强国的历史进程中，在全球化背景下，在体育全球化属性越发明显的支撑下，体育国际话语权成为我国国际话语权的重要组成部分，承担着有效提升中国国际地位、优化中国体育形象的重任。

概言之，讲好中国体育故事有助于增强新时代中国体育对外传播能力，也是提高中国对外传播能力的重要战略目标。中国体育文化是中国文化中具有代表性的组成部分，中国体育活动是中国对外传播的有效内容和载体，中国体育人物又常常是具有国际感召力的生动形象。讲好中国体育故事作为讲好中国故事的重要部分，有助于实现体育强国建设的宏伟目标。因此，在讲好中国体育故事的话语体系构建中，不仅要将体育强国梦和中国梦相联系，更要以习近平总书记"讲好中国故事"重要论述为指导思想，努力构建中国体育故事话语体系，向世界呈现中国体育大国形象。

（三）体育主流媒体提升国际传播力的需要

2009年6月，中央文件《2009—2020年我国重点媒体国际传播力建设总体规划》出台，该文件是国家层面的战略规划和顶层设计。在实施"走出去"的战略背景下，中国主流媒体需要"借船出海"，从单纯借助外国媒体、海外华文媒体，逐渐转向借助海外社交媒体平台进行有效的国际传播。2009年，中央电视台开设第一个Facebook账号；2010年，人民网在Facebook和Twitter上建立了People's Daily账号；2014年，新华社也开通了Facebook账号。2021年12月3日，习近平总书记致信祝贺中国人民对外广播事业创建80周年时强调："希望你们不断开拓创新，加强国际传播能力建设，打造具有强大引领力、传播力、影响力的国际一流新型主流媒体，为实现中华民族伟大复兴的中国梦、推动构建人类命运共同体作出新的更大的贡献。"主流媒体要想提升国际传播力，需要讲好中国故事，好的故事要蕴含中国话语，这是讲好中国故事之所以能够提升国际传播力的内在逻辑。讲好中国故事是主流媒体争夺话语权的重要途径，是提高国际舆论引导力进而提升国际传播力的主要手段。

在政策引领下，我国以新华社、人民日报社、中央广播电视总台等为代表的主流媒体加强与新媒体的深度融合，借助新型媒体平台，打造崭新的信息传播方式，探索对外传播新模式，构建话语传播新体系，这是当前中国新型主流媒体的责任和使命。社交平台因其极强的交互属性，其内容生产方式和传播逻辑区别于其他媒介，这为讲好中国故事拓宽了新的传播视角，但也增加了一些复杂因素。因此，在新的传播生态和技术条件下，新型主流媒体如何利用好海外社交平台讲好中国故事并提升国际传播力显得尤为重要。

体育是一种联结世界的语言，由于我国竞技体育实力的增强、具有国际影响力的体育人物的增加，体育成为我国进行国际传播的重要窗口和渠道。中国体育故事是中国故事的重要组成部分，讲好中国体育故事是讲好中国故事的关键环节。讲好中国体育故事这一核心命题，更多的是从宣传导向转变为故事导向，从宏大叙事转变为见微知著。中国日渐强盛的竞技体育实力、悠久灿烂的民族传统体育文化、日益增多的体育外交活动和体育强国建设进程中的点滴故事，都成为体育故事的重要话语元素。

新华社是国家通讯社，新华体育作为中国体育主流媒体，其 Twitter 账号既是中国体育主流媒体海外社交平台对外传播的典型代表，也承担着对外进行体育国际传播、提升国际体育话语权的重要职责使命。讲好中国体育故事归根到底是服务于我国国际传播，体育因其跨文化传播属性和国际化特性，具有话语建构的先决条件。基于上述原因，本书以经典的梵·迪克话语分析理论为主要依据，从文本和语境双重视角呈现新华体育推特讲好中国故事的话语特征，总结其话语建构存在的问题并提出相应对策，以期为我国主流媒体在海外社交平台讲好中国体育故事的话语建构提供有益参考。

二、研究目的及意义

（一）研究目的

在历史的广角和国际的视角，主流媒体应该创新媒介话语以实现国家认同，充分展现国家形象以提升国家影响力。讲好中国体育故事既是体育对外传播的重要内容，又是体育对外传播的主要手段，关系到国际体育话语权和国家体育形象的议程设置能力。近年来，主流媒体在讲好中国体育故事、塑造中国体育形象的媒体话语呈现方面表现突出，话语方式不断创新，但在海外社交平台上的话语实践还需要继续探索，因此，研究主流媒体在海外社交平台讲好中国体育故事话语实践，对讲好中国体育故事具有现实作用。本书主要以梵·迪克新闻话语分析理论为研究的核心理论基础，采用文本分析与话语分析的方法对新华体育推特中国体育故事的话语进行分析，全面分析新华体育推特讲好中国体育故事的话语建构方式及建构话语的特征，以期为中国主流媒体在海外社交平台讲好中国体育故事提出良性建议，从而提升中国主流媒体的国际传播力，为当前中国主流媒体在海外社交平台讲好中国体育故事的话语建构研究提供有益参考。

（二）研究意义

1. 理论意义

海外社交平台是中国主流媒体进行对外传播的关键渠道，提升中国主流媒体对外传播能力有助于增强海外受众对中国的认知。目前，无论是主流媒体对外传播领域的学术研究，还是主流媒体对外传播的话语实践，我国均在一定程度上落后于英美等西方发达国家。同时，以往的研究缺乏在国际社会中讲好中国体育故事的详细分析。因此，本书将习近平总书记"讲好中国故事"重要论述应用于"讲好中国体育故事"，可以从宏观上充实"讲好中国体育故事"的理论研究，从微观上充实当下主流媒体海外社交平台"讲好中国体育故事"对外传播的研究，具有一定的理论研究意义。

2. 现实意义

本书创新性地剖析中国主流媒体新华体育推特讲好中国体育故事中"讲什么故事"和"怎么讲故事"两大核心问题，可以从宏观上指导"讲好中国体育故事"话语建构上的不足，从微观上提出新华体育推特讲好中国体育故事的话语建构策略。

综上，本书既有理论意义，又有现实意义，找到主流媒体讲好中国体育故事的话语建构的现实路径，对提升中国体育的对外传播力具有重要的理论支撑意义与应用指导意义。

三、理论依据

(一) 话语分析理论

"话语分析"这一术语,由美国结构主义语言学家宰立格·哈里斯(Zellig Harris)于1952年在美国语言杂志的《话语分析》(Discourse Analysis)一文中首次提出[1]。话语分析是现代语言学从研究语言的抽象体系向研究语言的实际使用的转向,从20世纪70年代开始,各学科的话语分析开始相互影响融合,并在学术领域广泛使用,成为社会语言学、人类文化学、新闻传播学等学科共同关注的研究领域[2]。目前,在话语分析领域具有杰出成就的学者主要有罗杰·福勒(Rodger Fowler)、诺曼·费尔克拉夫(Norman Fairclough)和梵·迪克三位学者,他们都在话语分析领域作出了巨大贡献。

梵·迪克的《作为话语的新闻》一书,重点突出了新闻话语在社会环境中的结构与功能,对新闻话语的研究具有里程碑意义。如果从具体研究的新闻文本来看,选用梵·迪克的新闻话语分析理论,更加适配本书的具体研究对象。梵·迪克的话语分析理论包括两个维度:一是文本视角,主要对话语本身所包含的内容和结构进行分析;二是语境视角,主要对影响话语的社会文化、政治环境因素进行分析。文本视角主要包括宏观层面的主题结构和新闻图式的分析,以及微观层面的话语的句式、词汇、修辞、措辞风格的分析;语境视角主要是对社会文化环境和话语传播环境中新闻话语生产和接收进行分析[3]。

本书将梵·迪克的话语分析理论作为主要理论基础,分别通过文本和语境双重视角全面挖掘新华体育推特讲好中国体育故事的话语特征,并对主流媒体在海外社交平台讲好中国体育故事的话语建构提出新的思路。

(二) 议程设置理论

最早研究大众传媒影响受众现实认识的是沃尔特·李普曼(Walter

---

[1] 王德春. 语言学通论 [M]. 北京:商务印书馆,2020:205.
[2] 陈勇. 国家形象建构与国家利益关系 [M]. 武汉:华中科技大学出版社,2019:17.
[3] 托伊恩·A. 梵·迪克. 作为话语的新闻 [M]. 曾庆香,译. 北京:华夏出版社,2003:7.

Lippmann)所作的《公众舆论》一书,其主要观点认为受众的行为受三种意义上的现实影响:第一是实际生活中存在的现实,即客观现实;第二是媒体有选择性地提供的现实,即象征性现实;第三是受众自己主观描绘出的现实,即主观现实。由此可见,受众对客观现实的认知与媒体塑造的象征性现实密切相关。1972年,美国传播学家马克斯韦尔·麦库姆斯(Maxwell McCombs)和唐纳德·肖(Donald Shaw)运用实证方法,以1968年美国总统选举为案例进行研究,分析媒体生产的选举报道对美国选民投票的影响,并提出议程设置理论。

议程设置理论与历来的效果研究相比具有以下三个特点:第一,认知、态度和行为作为传播效果的三个层面,每个层面都是一个完整意义效果形成的不同阶段。议程设置理论着眼于这个过程的最初阶段,即认知层面上的效果。第二,议程设置理论所考察的内容是作为整体的大众传播在较长时间跨度里的一系列报道活动所产生的中长期、综合、宏观的社会效果,并不是某家媒介某次报道活动产生的短期效果。第三,议程设置理论暗示了传播媒介是从事"环境再构成作业"机构的媒介观[1]。

综上所述,议程设置的着眼点在于被媒体强调的议题,虽然不能主导受众的意见和看法,但可以通过特定的强调顺序来影响受众对于讨论议题重要性的认知。基于此,本书选择采用议程设置理论来研究新华体育推特如何在讲好中国体育故事报道中设置国内和国际受众关注事件的议题,如何提高国际传播中的体育话语权和国家形象。

(三)高低语境理论

文化学家和跨文化问题研究学者爱德华·霍尔(Edward Twitchell Hall Jr.)在其著作《超越文化》中提出文化需要沟通交流的观点,并基于这一观点提出了区分文化沟通的高低语境理论[2]。语境是双方在文化沟通交流及互动中共享的信息量,按照霍尔的观点,可以分为高语境和低语境两种。高语境中的个体比低语境中的个体文化涵养更深,语言表达更委婉含蓄,理解能力更强。在高

---

[1]罗伯特·福特纳. 国际传播[M]. 北京:华夏出版社,2000:5-6.
[2]方媛媛,汤书昆. 中国国家创新文化系统构成研究[M]. 合肥:中国科学技术大学出版社,2018:199.

语境的文化沟通交流中,隐含暗示的信息较多,需要不断解码,个体对环境中隐藏的微妙线索更加敏感;而低语境的文化沟通交流相反,交流过程更倾向于直接明确的信息,大量直白的显性编码使表达更为清晰[1]。

概言之,高语境文化沟通交流的特征包括社会结构具有等级属性、交流信息表面简单却寓意丰富、个体情感表达内敛含蓄;低语境文化沟通交流的特征则包括个体主义、信息表达详尽繁复。

讲好中国故事是对外传播话语体系的重要部分,中国由于历史文化原因,属于比较内敛的民族,属于高语境国家,而英美国家自由、开放,属于低语境国家。两者在风俗习惯、人文情感、意识形态和表达方式等方面均存在差异,文化沟通交流障碍较为明显。高语境文化与低语境文化之间即东西方文化之间存在沟通鸿沟,高语境文化沟通交流和低语境文化沟通交流可能会导致跨文化交际的误解。中国体育故事是鲜活的兼具国际性及文化性的中国故事,讲好中国体育故事本身也是一种跨文化、跨语境的传播,因此,在讲好中国故事这一命题中围绕"讲什么故事"和"怎么讲故事"两个核心问题时,应该克服这种语境差异进行话语实践。

四、研究重点、难点、创新点

(一) 研究重点

第一,讲好中国故事是实现有效对外传播的行动指南,中国体育故事是中国故事的重要组成部分。如何系统论证习近平总书记"讲好中国故事"重要论述对主流媒体讲好中国体育故事的话语实践进行精准理论指导和实践指导是本书的研究重点之一。

第二,讲好中国故事主要解决"讲什么故事"和"怎么讲故事"两大核心问题。如何运用话语分析理论系统论证"讲什么故事"和"怎么讲故事"两个层面,即话语文本和话语建构对主流媒体讲好中国体育故事的支撑程度是本书的研究重点之二。

---

[1] 陈功.跨越情感与文化的鸿沟:国际传播受众接受度研究[J].现代传播(中国传媒大学学报),2021,43(2):72-77.

（二）研究难点

第一，本书的研究难点之一是在分析主流媒体海外社交平台新华体育推特中国体育故事推文文本时，对话语具体微观指标的科学性确立问题。主要是对中国体育故事的样本进行筛选，样本数量庞杂，通过网络爬虫具体关键词的筛选、去重复、人工筛选等流程，难度较大；运用 TextBlob 对中国体育故事推文的英文词频、词汇和推文情感进行分析，涉及英语转译为中文的话语理解，难度较大。

第二，本书的研究难点之二是主流媒体海外社交平台新华体育推特讲好中国体育故事的话语建构在具体操作层面的现实路径。在提炼总结话语建构策略方面，既要考虑海外社交平台的受众接受习惯，又要综合我国主流媒体的话语传播能力，还要结合中国体育故事的具体话语内容，得出为其他主流体育媒体讲好中国体育故事具有较强借鉴性的话语建构策略，难度较大。

（三）研究创新点

第一，创新性地将习近平总书记"讲好中国故事"重要论述作为主流媒体讲好中国体育故事对外传播话语建构的指导思想，对于讲好中国体育故事的理论研究和传播实践均有重大的指导意义。

第二，创新性地选择海外社交平台新华体育推特作为研究主体，凸显向国际社会讲好中国体育故事的时代要求，凸显中国努力建设体育强国的坚强决心。

第三，创新性地使用网络爬虫工具和人工筛选相结合的方法对推特文本数据进行抓取和分析，辅助研判海外社交平台新华体育推特讲好中国体育故事的话语特征。

主流媒体讲好中国体育故事话语研究的概念界定与文献综述

第二章 CHAPTER 02

一、相关概念界定

(一) 主流媒体

主流媒体（Mainstream Media）是一个舶来词，在世界范围内首次提出主流媒体概念的是美国麻省理工学院的语言学与政治学家艾弗拉姆·诺姆·乔姆斯基（Avram Noam Chomsky）教授。他在1997年撰写的论文《主流媒体何以成为主流》（*What Makes Mainstream Media Mainstream*）中，将主流媒体称为议程设置媒体或者精英媒体，是指拥有较好的新闻媒介资源、为社会主流的中产阶级进行新闻服务的整个社会新闻框架的设计者和运行者。在西方国家，主流媒体最早指主流报纸即严肃报纸，典型代表为英国的《泰晤士报》和美国的《纽约时报》，其受众也是社会各界具有一定影响力的群体。

继美国学者乔姆斯基首次提出主流媒体这一概念一年后，我国新闻传媒界将这一概念引入中国，随即展开了对"主流媒体"的理论研究和实践探索[1]。在我国关于"主流媒体"的学术讨论中，学者玄洪友认为可以从质和量两个角度解析主流媒体这个概念，质的角度包括媒体的影响力和权威性等，通常被称为高级媒体；量的角度则是媒体规模和经济收入等，往往被称为"大报大台"[2]。复旦大学周胜林教授侧重区分主流媒体与非主流媒体的差异，将"影

---

[1] 陈力峰，左实. 主流媒体的价值与要素解析 [J]. 今传媒，2008 (7)：55-56.
[2] 玄洪友. 什么是主流媒体 [J]. 中国记者，2002 (4)：30-31.

第二章 主流媒体讲好中国体育故事话语研究的概念界定与文献综述

响力大、起主导作用、能够代表或左右舆论的省级以上媒体,主要是指中央、各省市区党委机关报和中央、各省市区广播电台、电视台,以及其他一些大台大报"统称为主流媒体[1]。

在我国,随着媒介融合进程的发展变化,主流媒体包括党和政府领导下的报刊和广播电视机构及其新媒体,其以主流受众为媒介受众定位,以发布功能、喉舌功能、塑造功能和服务功能为媒介功能定位,引导社会舆论并产生了较强的社会影响力。主流媒体作为我国新闻宣传主渠道和主阵地,发挥着意识形态建构与新闻舆论引导的重要作用。主流媒体过去、现在并且将来都会是我国坚持和引导社会发展的核心媒体力量[2]。

本书主要依据学者周胜林的观点,参照我国媒介融合的发展现状,将主流媒体定义为:与其他媒体相比,在新闻传播中具有较强的舆论引导能力、政治影响能力,传播性强,具有权威性的媒体。主流媒体是中国故事的主述者,是向国际社会呈现中国真实图景的有效途径,是面向国际受众进行舆论引导的最佳手段。

(二) 中国故事

"中国故事"的概念最早由习近平总书记于2013年8月19日在全国宣传思想工作会议上的讲话中首次正式提出。这一概念强调要着力推进国际传播能力建设,创新对外宣传方式,加强话语体系建设,着力打造融通中外的新概念、新范畴、新表述[3]。随后,习近平总书记多次在会议讲话中提到要讲好中国故事。

周文韬通过对习近平总书记在外交活动中的讲话及发表在国外媒体的署名文章进行梳理,得出"习近平总书记通过讲述聚焦民族复兴、优秀文化、国际交往的中国故事,从多侧面、多角度,为世界勾勒出一个历史悠久、正在走向复兴的文明大国形象"的结论[4]。李云雷认为,所谓"中国故事"是能反映

---

[1] 周胜林. 论主流媒体 [J]. 新闻界, 2001 (6): 11-12.
[2] 段鹏. 中国主流媒体融合创新研究 [M]. 北京: 中国传媒大学出版社, 2018: 49.
[3] 中共中央宣传部理论局. 指导新时期宣传思想文化工作的纲领性文献: 学习习近平总书记在全国宣传思想工作会议上的重要讲话文章选 [M]. 北京: 学习出版社, 2015: 7-8.
[4] 周文韬. 习近平总书记"讲好中国故事"的成功实践对新闻工作者的启示: 以习近平总书记外交活动中的讲话及发表在国外媒体的署名文章为例 [J]. 采写编, 2017 (6): 8-11.

中华民族的精神特色与希望的故事,是凝聚了中华民族独有的经验和情感的故事,是能看到民族的特性、命运与希望的故事[1]。王一川认为,"中国故事"是通过多种形式,记录中华民族生活和事件的故事[2]。丁晓平提到,"中国故事"就是以中国和中国人民为主导,反映中国人民生活和精神的故事[3]。

综上所述,本书将"中国故事"界定为"以中国特色为核心,以中国梦为引领,包含中华民族的精神文化和人民意志的故事"。讲好中国故事,就要讲好中国人民的故事,以中华民族传统文化为核心,讲好中华民族的故事,向全世界呈现真实的中国。讲好中国故事包含两层含义,首先是讲好的故事,这就要求在故事的选择上要遵循一定的原则,坚持立足基层,寻找与海外受众情感相通、价值相近的故事去讲述;其次是把故事讲好,不仅要将中国的历史底蕴、发展之道阐释清楚,还要注重讲述的方式方法,正如孔子所说:"远人不服,则修文德以来之。"讲故事展现的是一个国家文化软实力的强弱,讲好中国故事能为中国赢得更多信任与支持。当前,在奋力实现中华民族伟大复兴的中国梦的背景下,讲好中国故事不仅是必要的,更是必需的。

(三) 中国体育故事

习近平总书记在天津会见全国群众体育先进单位和先进个人代表时强调:"体育承载着国家强盛、民族振兴的梦想。体育强则中国强,国运兴则体育兴。"作为国际社会中的通用"语言",体育具有独特的价值和功能。体育传播是推动国际传播的重要力量,承担着中国对外传播和提升国际话语权的使命。要深入挖掘中国体育文化的核心内涵,讲好中国体育故事、弘扬中华体育精神,充分发挥体育在增进国际社会对我国认同感等方面的独特作用,真实、立体、全面地展现中国形象,扩大中国体育的国际影响力,提升中华文化软实力。

卢兴等认为,"中国体育故事"是指对中华民族的体育事件的记录或想象的符号化概括,是体现中国体育价值观念的故事[4]。

---

[1] 李云雷. 何谓"中国故事"[N]. 人民日报,2014-01-24 (24).
[2] 王一川. 当今中国故事及其文化软实力 [J]. 创作与评论,2015 (24): 22-26,21.
[3] 丁晓平. 讲好中国故事,避免误读历史 [J]. 红旗文稿,2017 (8): 27-28.
[4] 卢兴,郭晴,荆俊昌. 中国体育故事国际传播的显性要素与隐序路径:基于国际视频网站 YouTube 的叙事认同研究 [J]. 上海体育学院学报,2021,45 (5): 1-9.

游迎亚等认为,"中国体育故事"是以主题故事为主要构成,具有历史传承性和跨文化传播力,可以反映中国体育发展历史、传递中华体育文化的故事[1]。

综上所述,本书将"中国体育故事"界定为"以体育强国梦和中国梦为引导,以独特的体育价值文化、体育精神为基本特征,是中国故事不可或缺的重要内容,是对中华民族体育事件的记录,能够反映中国体育发展历史、传递中华体育文化的故事"。讲好中国体育故事就是要选择能够代表中国体育文化和中国体育信念的体育故事,讲好中华民族自身的体育故事。主流体育媒体在进行话语实践的过程中,需要了解体育故事的基本特征,采取多元化的话语表达方式,注重体育故事的层次性和丰富性。

二、关于主流媒体对外传播的研究综述

早在中华人民共和国成立前,中国共产党就已经开始尝试进行对外传播,以塑造国家形象,形成优良的国际舆论环境。例如,在抗日战争时期,曾带领埃德加·斯诺(Edgar Snow)、艾格尼丝·史沫特莱(Agnes Smedley)等国际友人前往陕西延安参观。国际友人回国后,他们所撰写的反映解放区生活及人民精神风貌的作品在西方社会产生了强烈的反响,并增强了西方国家对中国的认知。

(一)关于我国主流媒体对外传播历史的研究

我国对外传播的目的不仅是让世界更好地了解中国,更是让中国更好地了解世界,世界对于综合国力日益强大的东方神秘古国也有着浓厚的兴趣。《应对中国:揭开新经济超级大国的面纱》(*Dealing with China: An Insider Unmasks the New Economic Superpower*)一书的作者,同时也是美国前财政部部长的亨利·保尔森(Henry M. Paulson)就曾发问:中国的国际竞争力为何越来越强?后来,越来越多的美国人想要知道,中国人真正想要什么?中国人发展军事力量为了

---

[1] 游迎亚,王相飞,宋菲菲.讲好中国体育故事提升国际话语权的价值维度与叙事策略[J].武汉体育学院学报,2021,55(5):12-19.

什么？中国人是敌是友？为了让世界更加了解正在崛起的中国，作为国家对社会舆论产生重要影响的主流媒体需要承担起对外传播的责任与使命，对外阐释中国政府的重大战略方针，传递大国的声音和负责任的态度，建立良好的外部舆论环境。在这样的外宣背景下，主流媒体更需要从大局出发，把握外宣的传播规律，审时度势地进行议程设置，做好国际传播工作。

改革开放之前，受到中国国际战略定位及"文革"时期思想禁锢两方面的影响，"极左新闻思想持续流行，以至于新闻界久久不能从'新闻报道的真实性是由党性和阶级性决定的'等观念中解脱出来"[1]。即使是当时的主流媒体，在对外传播方面也不可避免地受到"左倾"思想的影响，对外传播与面向国内的宣传模式无显著差异，以单向内容输出为主。面向国外的新闻报道，也只能称为国际新闻跟踪报道，长期持续运行的主流媒体只有新华社等少数几家，对外传播的基调也存在明显的意识形态色彩，国内大多数媒体几乎不涉及对外传播。

中华人民共和国成立后，为重整与世界关系的实践而逐渐发展起来的中国国际新闻传播事业，是洞悉中国与世界关系乃至中国现代化进程的关键指标[2]。改革开放后，我国主流媒体进行的国际新闻报道越来越多，意识形态色彩逐渐淡化。这一阶段国际新闻报道主要定位于"向中国说明世界"，以翻译、引用外电为主，自采的原创报道数量不多[3]。

中国大部分主流媒体也根据日益开放的全球化国际形势，开始服务于国家新闻宣传工作大局，我国对外传播在这一阶段有了较快的发展。例如，1981年6月1日创刊的《中国日报》，作为当时中国唯一一份大型综合性英文日报，办报宗旨便是："让世界了解中国，让中国走向世界"。紧接着1949年成为党中央机关报的《人民日报》也在1985年7月1日创刊《人民日报·海外版》。《人民日报》在2011年便开通了Twitter账号。中国主流媒体加快了对外传播的步伐，扩大了中国主流媒体的国际影响力。近几年，海外社交平台包括Twitter等也迎来了中国主流媒体的纷纷加入。客观而言，以新华社、人民日报社及中央广播电视总台为代表的中国主流媒体开始主动地进行对外传播，通过媒体平台

---

[1] 单波. 20世纪中国新闻学与传播学·应用新闻学卷[M]. 上海：复旦大学出版社，2001：204.
[2] 云国强. 历史与话语模式：关于中国国际传播研究的思考[J]. 新闻大学，2015（5）：87-94.
[3] 田聪明. 做什么像什么[M]. 北京：中国文史出版社，2015：210.

第二章 主流媒体讲好中国体育故事话语研究的概念界定与文献综述

进行对外宣传,也取得了一定成效。

(二) 关于我国主流媒体对外传播现状的研究

在对我国主流媒体对外传播的众多研究中,从传播效果和传播手段相结合角度进行研究的居多,学者们纷纷探讨中国主流媒体对外传播的现状与不足,并提出提升中国主流媒体的国际传播力、国际话语权的策略和建议。

关于中国主流媒体对外传播的研究现状,众多学者认为我国主流媒体尚处于对外传播的初级阶段,特别是从高语境向低语境的话语传播过程来看。在全球范围内,西方媒体引导着整个国际舆论,以美国有线电视新闻网(CNN)、英国广播公司(BBC)、《纽约时报》《泰晤士报》为代表的西方主流媒体传播的中国声音、展现的中国形象,以及它们在话语建构中宏观主题设置和微观话语表达,很大程度上影响了世界上其他国家受众对中国形象的视听和认知。可以说,中国的国际形象和国际舆论环境塑造权还掌握在西方媒体的手中。

当前,中国在世界国际传播体系中仍处于较为边缘的位置,中国主流媒体在国际新闻的竞争中处于弱势。中国主流媒体的国际传播力不强,缺乏议程设置能力,丧失了新闻话语的定义权和使用权,进而影响了西方社会对中国的认知,并且中国媒体的对外传播表现与中国当今的经济实力和大国地位不相匹配。

中国主流媒体对外传播存在的问题主要表现为综合内容呈现较弱、话语传播效果不佳、专业从业资源不足。李从军在《提升主流媒体在新兴媒体舆论场的影响力》一文中指出,当前的主流媒体对新兴媒体新闻传播规律的认识不深,运用新兴媒介载体优势的能力不强,在新兴舆论阵地的话语权和影响力还不够强大、掌控力度较弱[1]。

中国主流媒体对外传播的主要特点是"中国内容、国际表达"。侯贺英和康霞曾在《论中国媒体如何提高国际传播力:以〈改变世界的战争〉为例》一文中明确提出中国媒体在国际传播中应当遵循两个原则:一是以本国的实际发展为内容,二是以目标国受众的思维习惯为手段,提升中国媒体的综合实力,

---

[1] 李从军. 提升主流媒体在新兴媒体舆论场的影响力 [J]. 中国记者, 2013 (1): 1.

用世界语言讲述中国故事[1]。但是，王庚年在《建设国际一流媒体 积极争取国际话语权》一文中也指出，中国媒体在对外传播的内容设置上重点关注中国事务与立场，但是在话语表达上难免陷入以西方受众为主的传播思维范式，一些媒体在对外传播过程中过分迁就和迎合西方价值标准，在一定程度上弱化了中国国际传播的主体地位，需要掌握话语生产的尺度[2]。

在中国主流媒体对外传播的影响因素及提升策略方面，李希光和郭晓科将影响主流媒体对外传播的因素总结概括为六个方面，即媒体自身的公信力、主流渠道、主流受众、主流信源、议程设置与框架能力。加强我国主流媒体对外传播能力应采取以下策略：争夺国际传播话语权，增强议程设置和框架能力；善用权威信源，提高我国主流媒体的公信力；善用公共外交，促进我国主流媒体的对外交流合作[3]。

综上所述，在国际舆论格局仍然是"西强我弱"的背景下，在世界百年未有之大变局下，现阶段的中国主流媒体对外传播需要更加明确话语生产者的主体地位和主体价值，努力改变在早期不成熟的对外传播过程中存在的碎片化、浅表化、边缘化的传播现象，在讲好中国故事和表达中国立场的基础上，充分考虑影响中国主流媒体对外传播的因素，推动我国对外传播向更高层次、更高质量发展，重点强调"全球内容、中国价值"，用中国价值来审视中国与世界的关系，通过对全球事务的报道传递中国价值。

（三）关于我国主流媒体海外社交平台对外传播的研究

海外社交平台日益成为中国媒体对外传播中重要的平台和渠道。众多研究围绕中国媒体通过海外社交平台对外传播的现状、存在的问题与不足进行分析，并就如何提升传播效果进行策略分析。

从中国主流媒体海外社交平台对外传播的实践来看，刘扬和徐佳在《我国媒体利用海外社交网络推广现状及对策》一文中对中国主流媒体海外社交平台

---

[1] 侯贺英，康霞. 论中国媒体如何提高国际传播力：以《改变世界的战争》为例 [J]. 新闻战线，2017 (10)：112–113.
[2] 王庚年. 建设国际一流媒体 积极争取国际话语权 [J]. 中国记者，2009 (8)：18–20.
[3] 李希光，郭晓科. 主流媒体的国际传播力及提升路径 [J]. 重庆社会科学，2012 (8)：5–12.

第二章 主流媒体讲好中国体育故事话语研究的概念界定与文献综述

的传播实践给予了肯定评价,虽然在对外传播的早期阶段,我国主流媒体在海外社交平台的整体运作情况与国外特别是英美国家主流媒体相比存在较大差距,但是伴随国内主流媒体相继入驻一些海外社交平台,主流媒体海外官方媒体账号受关注程度与日俱增,其内容运营和话语生产也越发成熟,新闻发布频率维持在比较高的水平,注重用图片和视频多元形式发布内容,提升与海外社交网络用户的互动水平,传播实践能力逐年提高[1]。更多的研究会直面中国主流媒体海外社交平台对外传播的不足,相德宝和张人文在《借助社交媒体提升中国媒体的国际影响力》一文中,通过分析2014年我国主流媒体在海外社交网站上的运作情况,指出我国主流媒体的海外社交平台运营存在发文频率低、互动性差、时效性低、影响力弱、理念落后、表达不够亲民等问题,并针对性地提出我国主流媒体应当提高信息发布时效性和透明度、实现本土化运作、增强与受众的互动、转变话语体系和传播理念、规范运行机制等有效提升中国主流媒体对外传播效果的策略与建议[2]。

从中国主流媒体海外社交平台具体账号对外传播的实践来看,张力、杨卫娜在《中国主流媒体Twitter账号传播分析报告》中指出,2010年以来,Twitter迎来中国主流媒体的进驻潮流,以新华社、人民日报社及中央广播电视总台为代表的中国主流媒体开始在海外社交平台形成一定的影响力和关注度,这与其自身比较充足的媒介资源密不可分[3]。刘滢在《从七家中国媒体实践看海外社交平台媒体传播效果评估》中,通过对中国七家主流媒体在Twitter、Facebook、YouTube这三家最具代表性的海外社交平台上的传播实践进行抽样评估,建立了社交媒体传播效果评估体系,传播效果分为内容生成能力、传播延展能力、议题设置能力三个一级指标。其中内容生成能力主要从报道数量(文字稿量、图片数量、视频数量)、报道质量(首发率、原创率、报道形式多样性)方面进行评估;传播延展能力主要评估媒体报道对受众的吸引力和媒体报道在社交平台的多次传播能力,报道吸引力细分指标包括粉丝数、浏览数、收藏数,而传播能力主要看点赞数、评论数、转发数;议题设置能力主要评估媒体的选题策划能力,以及为海外媒体和公众设置议题的能力,包括议题配比合理性、媒

---

[1] 刘扬,徐佳.我国媒体利用海外社交网络推广现状及对策[J].对外传播,2013(9):42-44.
[2] 相德宝,张人文.借助社交媒体提升中国媒体的国际影响力[J].对外传播,2014(6):13-15.
[3] 张力,杨卫娜.中国主流媒体Twitter账号传播分析报告[J].对外传播,2016(11):4-6.

体议题设置能力、公众议题设置能力三个指标[1]。上述指标体系的建立对评估主流媒体对外传播的效果做出了探索，具有重要的价值，也为后续如何提升对外传播效果明确了具体路径和方向。

从中国主流媒体海外社交平台对外传播研究方法的应用来看，多数研究通过新闻传播学比较常用的内容分析或者文本分析对海外社交媒体账号传播现象进行分析。刘滢采用参与式观察和深度访谈相结合的研究方法，选取新华社海外社交媒体网站为研究对象，从产品运营、人力支撑、内容生产、市场推广四个方面分析中国主流媒体在海外社交媒体上的传播策略[2]。也有相关研究应用社会网络分析的研究方法，对海外社交媒体平台的舆情网络与传播关系进行研究分析，贾爽在《"一带一路"：Twitter网络舆情分析与对策建议》中，通过描绘众多传播者、传播内容之间纵横交错的社会关系网络，定位出"一带一路"在Twitter传播的过程中重要的朋友关系，总结关系关键节点，归纳中国主流媒体在社交媒体上进行"一带一路"传播的不足，并在此基础上有针对性地提出一些对策性的思考，探索"一带一路"在社交网络上传播的适宜模式和改进空间[3]。韦路、丁方舟在《社会化媒体时代的全球传播图景：基于Twitter媒介机构账号的社会网络分析》中，以在Twitter上开设英文认证账号的媒介机构为研究对象，从社会网络分析的视角展开对社会化媒体时代国际传播关系和全球传播图景的调查[4]。

综上所述，我国在开始进行对外传播的时候就意识到要充分利用海外社交平台的渠道。从2010年开始，我国主流媒体陆续入驻海外社交平台，也是希望借助主流媒体优良的媒体资源积极进行对外传播的探索，但是由于高语境国家向低语境国家的传播本身存在文化壁垒，加之我国主流媒体缺乏对海外社交平台传播规律的认知和自身议程设置能力的不足。总体而言，我国主流媒体利用海外社交平台进行对外传播还处于摸索阶段，这也是国家在更新的历史阶段强

---

[1] 刘滢. 从七家中国媒体实践看海外社交平台媒体传播效果评估 [J]. 中国记者, 2015 (7)：80-82.
[2] 刘滢. 主流媒体对外传播的社交媒体策略：以新华社在海外社交网站的传播为例 [J]. 对外传播, 2016 (1)：60-62.
[3] 贾爽. "一带一路"：Twitter网络舆情分析与对策建议 [D]. 南京：南京大学, 2016.
[4] 韦路, 丁方舟. 社会化媒体时代的全球传播图景：基于Twitter媒介机构账号的社会网络分析 [J]. 浙江大学学报（人文社会科学版），2015, 45 (6)：91-105.

调要加大对外传播、提升国际话语权的初衷所在。

三、关于讲好中国体育故事的研究综述

讲好中国故事这一重要论述和现实要求在党的十九大和二十大报告中都有明确说明。习近平总书记在党的十九大报告中提出："推进国际传播能力建设，讲好中国故事，展现真实、立体、全面的中国，提高国家文化软实力。"习近平总书记在党的二十大报告中强调："讲好中国故事、传播好中国声音，展现可信、可爱、可敬的中国形象。"体育故事是中国故事的重要方面。讲好中国体育故事，对于中国体育精神、体育文化、体育发展的传播具有极大的促进作用，能够提高国际话语权，增强中国体育对外传播能力，也是国家文化软实力提高的关键[1]。目前，关于讲好中国体育故事的系统研究数量较少，游迎亚等从话语分析和叙事学角度出发总结了中国体育故事的叙事话语特征[2]；万晓红和周榕从国家战略的角度探讨了中国体育国际形象传播路径，为讲好中国体育故事和构建人类体育共同体提供了理论支持和行动指南[3]。

（一）关于讲好中国故事与对外传播的研究

在世界百年未有之大变局下，中国处于"前所未有地靠近世界舞台中心"的历史时期，提升国际传播能力建设已经成为推动文化事业和文化产业发展非常重要的方面，讲好中国故事是历史与现实的需要。

讲好中国故事与对外传播的相关研究成果虽然着眼不同，但是非常明确的是，习近平总书记在"讲好中国故事"方面的重要论述为新闻媒体进行对外传播指引了方向并提出了要求。中国外文局对外传播研究中心助理研究员朱文博围绕"讲好中国故事、传播好中国声音"这一重大主题指出，我国目前在构建中国特色的对外传播理论体系与实践路径，在顶层设计、精准传播、地方外宣

---

[1] 郑珊珊. 北京冬奥：讲好中国体育故事 [J]. 人民论坛，2021（33）：83-85.
[2] 游迎亚，王相飞，宋菲菲. 讲好中国体育故事提升国际话语权的价值维度与叙事策略 [J]. 武汉体育学院学报，2021，55（5）：12-19.
[3] 万晓红，周榕. 基于CIS理论的我国体育国际形象传播路径研究 [M]. 北京：人民体育出版社，2020：3.

等方面做出了有益探索[1]。

从讲好中国故事与对外传播的不足方面上看，长期以来，由于国际传播格局由西方媒体主导，我国媒体对外传播起步较晚，并且缺乏自己的话语体系，话语表达能力略显不足。很多概念、范畴需要借用西方的话语体系进行表述，中国的声音在国际传播中始终难以进行更有效的传达，话语建构效果不甚明显[2]。因为缺乏足够的话语权和有效的话语引导能力，导致西方各国面对综合国力日渐增强的中国，既存在关注也有猜疑，既存在认同也有失真。习近平总书记指出，问题的关键在于"我们的阐释技巧、传播力度还不够，当代中国价值观念的国际知晓率和认同度还不高"。

从讲好中国故事与对外传播的经验方面上看，学者王昀和陈先红在《迈向全球治理语境的国家叙事："讲好中国故事"的互文叙事模型》中提到，话语即权力，建构起关于"讲好中国故事"的话语是破解对外传播困境、提高国际话语权的关键[3]。在国际舆论和话语权斗争日趋激烈的背景下，习近平总书记指出："争取国际话语权是我们必须解决好的一个重大问题。"改革开放的中国需要将发展优势转化为话语优势，让世界更好地了解中国的历史、现状、发展理念和方针政策，讲好关于中国改革、发展和建设的故事，为我国营造一个相对良好的外部舆论环境。用故事作为载体进行对外传播，无疑是一种更国际化、符合海外公众接受习惯的表达。习近平总书记明确要求："讲故事就是讲事实、讲形象、讲情感、讲道理，讲事实才能说服人，讲形象才能打动人，讲情感才能感染人，讲道理才能影响人。"讲述中国故事，需要超越不同文明、不同语境之间历史文化、语言、社会制度和意识形态等方面的差异，把中国国情、中国特色与海外受众的表述习惯、认知能力和接受心理结合起来，把我们想讲的与国际社会想听的结合起来，使话语接收语境和话语生产语境弥合[4]。

从历史维度上看，通过讲述中国故事向海外传播理念、树立形象是中国共

---

[1] 朱文博. 讲好中国故事的路径、方法与实践：第五届全国对外传播理论研讨会综述[J]. 全球传媒学刊, 2017, 4(4)：127-134.

[2] 史安斌, 廖鲽尔. 国际传播能力提升的路径重构研究[J]. 现代传播（中国传媒大学学报）, 2016, 38(10)：25-30.

[3] 王昀, 陈先红. 迈向全球治理语境的国家叙事："讲好中国故事"的互文叙事模型[J]. 新闻与传播研究, 2019, 26(7)：17-32, 126.

[4] 刘亚琼. 习近平关于"讲好中国故事"的五个论断[J]. 党的文献, 2019(2)：17-23.

第二章　主流媒体讲好中国体育故事话语研究的概念界定与文献综述

产党对外传播的优良传统。于安龙在《中国共产党讲述"延安故事"的经验与启示：基于延安时期与外国记者互动的视角》中提到，早在抗日战争时期，面对日本帝国主义侵略的紧逼和国民党的长期封锁，毛泽东就通过向来访的美国记者埃德加·斯诺讲述"延安故事"，成功地向世界介绍了中国共产党的政策主张及中国革命的道路方向，争取到国内国际广泛的认同、理解和支持，助推了中国革命的成功[1]。

从传播实践上看，学者赵永华和孟林山在《叙事范式理论视域下讲好中国故事的路径分析》中提到，在习近平总书记的对外宣传与传播实践中，重视讲故事的艺术与技巧，并以讲故事的方式来拉近与各国人民的距离[2]。在智利，习近平主席谈到聂鲁达多次访华的故事；在伊朗，习近平主席提到关于郑和远洋船队曾经三次造访伊朗南部的霍尔木兹地区的故事；在伦敦，习近平主席说到威廉·莎士比亚（William Shakespeare）与汤显祖的故事；在哈萨克斯坦，习近平主席追述了冼星海在旅居阿拉木图期间写下《满江红》《神圣之战》等音乐名篇的故事。利用海外受众认知程度高的故事化叙事，可以架起不同文化相互沟通、理解的桥梁，拉近中外人民的心理距离，巧妙实现有关文化、观念和价值内容良好的话语建构效果。

从媒介空间维度上看，重视讲故事的媒介观念和生成逻辑也符合新媒体时代社群多元传播的需要。学者姜红和印心悦在《"讲故事"：一种政治传播的媒介化实践》中提出，作为伴随人类传播产生的最古老的叙事方式，讲故事的重要性曾在印刷时代让位于信息传播。进入互联网时代，传统媒体偏理性、宏大叙事的单向信息传播模式已不适应多元化的受众需求，而"讲故事"符合情感、互动和个体表达的多元化要求。因此，"讲好中国故事"已经不单纯是一种新闻写作和叙事层面的技术性要求，更是需要一以贯之贯彻在中国媒体对外传播话语实践中的传播理念[3]。

综上所述，在中国文化走出去的战略背景下，讲好中国故事是历史的必然、

---

[1] 于安龙. 中国共产党讲述"延安故事"的经验与启示：基于延安时期与外国记者互动的视角 [J]. 党的文献，2019（4）：113-120.
[2] 赵永华，孟林山. 叙事范式理论视域下讲好中国故事的路径分析 [J]. 对外传播，2018（8）：43-45.
[3] 姜红，印心悦. "讲故事"：一种政治传播的媒介化实践 [J]. 现代传播（中国传媒大学学报），2019，41（1）：37-41.

时代的需要和现实的选择。进入新时代，中国媒体既要深刻认识和理解讲好中国故事的重要性，又要充分认清讲好中国故事面临的问题、困难和挑战，加强对讲好中国故事进行对外传播理念和规律的认识，并在充分利用传播平台优势和自身媒体资源的基础上，用中国智慧和中国策略把中国故事讲全面、讲深入、讲透彻，向世界展示当代中国真实完整的良好形象。

(二) 关于主流媒体讲好中国体育故事的研究述评

中国综合国力的日渐增强打破了原有以西方国家为主导的国际传播格局，如何在国际舆论环境下开展与我国综合国力相匹配的国际传播显得尤为重要。为此，习近平总书记提出要"讲好中国故事、传播好中国声音"，这一论述标志着我国国际传播整体理念和实践导向的变化，即从宣传导向转变为故事导向，变宏大叙事为见微知著。体育作为国际通用语言，承载着讲好中国故事的职责与使命。因此，讲好中国体育故事的相关研究也逐渐涌现，但是总体数量还比较少。

我国的体育管理部门和宣传部门已经从顶层设计上对讲好中国体育故事进行对外传播进行了总体规划。2019 年，国务院办公厅发布的《体育强国建设纲要》中明确提出要提升中国体育国际影响力，拓展对外传播优势平台，加强与国际体育组织的交流合作，扩大我国在国际体育事务中的影响力和话语权。体育文化是体育在文化领域的延伸，在建设体育强国过程中，在进行体育对外传播过程中，体育文化都被赋予了新的意义和地位。走进新时代，繁荣发展体育文化，是中国走向现代文明大国的需要；对外传播体育文化，是讲好中国体育故事的主要手段。

关于讲好中国体育故事的方法和手段，相关研究基本还停留在讲好中国故事的宏观层面。体育故事是中国故事的重要组成部分，讲好中国体育故事是主流媒体的重要责任和使命，单纯地借鉴讲好中国故事的策略和方法是必要的，但是还要深入探寻体育故事自身的特征。国务院新闻办公室副主任郭卫民曾撰文指出，讲好中国故事，要加强话语体系建设，重视议题设置；讲好中国故事，要善用新媒体新技术；要把握分众化传播趋势，增强讲好中国故事的精准性。李艳萍、翟明杰在《新媒体环境下党媒如何讲好中国故事》一文中认为，在新媒体环境下,党媒要充分利用互联网思维和新媒体传播特点,突破文化差异,讲好中国故事[1]。

关于讲好中国体育故事的具体研究,学者甘露露等在《基于推特平台的中国体育故事创建研究:以新华社体育官方账号内容分析为例》一文中提到,讲好中国体育故事是讲好中国故事的关键命题。2014年,国际奥委会发布《奥林匹克2020议程》,全面规划了奥林匹克的未来路线,明确提出要进一步融合体育和文化,奥林匹克运动作为体育的最高方向指引,其改革议程成为讲好中国体育故事的重要参考准绳[2]。

体育一直被视为一种世界语言,也是我国进行国际传播的重要窗口。现有的许多研究观点都比较赞同讲好中国故事,很大程度是讲好中国体育文化的故事,文化是载体,传播是手段。面对新时代新要求,要清醒地看到中国体育对外传播的短板和差距,特别是在世界现代体育文化体系中要看到中国体育文化的边缘,把中国体育的优秀文化元素补充进去,注入中国的文化基因,提升中国文化的国际影响力。

综上所述,体育以其独特的国际通用性、情感魅力值、传播感染力创造着殊途同归的文化体系,体育目前已经成为国际通行的文化符号之一,在体育强国梦与中国梦紧密相连的征途上,中国体育需要振奋国民精神、凝聚民族力量、走向国际舞台、讲好中国体育故事,形成有强大影响力的中国体育形象。

四、关于国内外话语分析研究综述

(一) 国内话语分析研究综述

国内学者对于话语分析的研究起步较晚,大部分学者认为,话语分析是在社会文化环境下,结合话语文本的社会实践进行的分析。我国学者对话语分析的研究是从20世纪末开始的,大部分学者都将话语分析理论作为研究的理论依据。其中朱永生的《语言 语篇 语境》、王佐良等学者的《英语文体学引论》、

---

[1] 李艳萍,翟明杰. 新媒体环境下党媒如何讲好中国故事 [J]. 新媒体研究, 2018, 4 (8): 89-92.
[2] 甘露露,黄芦雷娅,毕雪梅. 基于推特平台的中国体育故事创建研究:以新华社体育官方账号内容分析为例 [C] // 中国体育科学学会. 第十一届全国体育科学大会论文摘要汇编. 2019: 3.

黄国文的《语篇分析概要》和秦秀白的《文体学概论》等[1]对新闻话语进行了分析和研究，在国内话语分析研究中影响较大。当前，国内对于话语分析的研究正处于发展时期，但话语分析的应用范围逐渐扩大，同时也融合了众多学科的交叉研究。

本书通过中国知网数据库（CNKI），以话语分析为关键词，同时在新闻与传播学科分类下进行检索，共检索到2234篇文献，并将上述文献分为三大类。

第一类，理论综述类的研究。学者徐赳赳分别从不同的历史文化背景和社会发展程度对不同时期的话语特点进行了分析和总结[2]。学者黄国文和徐珺分析总结了语篇分析和话语分析研究的三大学派的不同观点[3]。丁建新和廖益清的《批评话语分析述评》及朱永生的《话语分析五十年：回顾与展望》也属于此类研究。总体而言，理论综述类型的话语分析文献对话语分析的研究作出了较为完善的梳理，作为语言学研究的重要基础理论，相关研究无论是历史脉络还是理论应用，均涌现出较为丰硕的成果，与此同时，研究和总结话语分析在社会实践方面的应用是话语分析领域未来的发展趋势。

第二类，话语分析理论在新闻传播中的理论研究。随着话语分析理论在多学科的广泛应用，作为新闻的话语，更多地应用于新闻传播的研究中，话语分析的应用进一步扩大和交融。赵为学认为，目前话语分析在新闻传播领域的应用必须完成学科化的转换，构建完善的新闻传播话语理论体系[4]。另外，孙静怡和王和平总结了当时新闻报道话语的特点，并展望了未来我国新闻话语研究的发展态势[5]。总体来说，以上话语分析研究为我国新闻传播学领域的发展提供了诸多借鉴。

第三类，话语分析在新闻报道和新闻事件中的实践应用研究。此类研究在国内关于话语分析的研究中最为常见。韩清怡基于米歇尔·福柯（Michel Foucault）的话语权理论，分析了以中央广播电视总台为代表的主流媒体的话语体系重建

---

[1] 朱永生. 话语分析五十年：回顾与展望 [J]. 上海外国语大学学报，2003（3）：43-50.
[2] 徐赳赳. 话语分析二十年 [J]. 外语教学与研究，1995（1）：14-20.
[3] 黄国文，徐珺. 语篇分析与话语分析 [J]. 外语与外语教学，2006（10）：1-6.
[4] 赵为学. 新闻传播学研究中话语分析的应用：现状、局限与前景 [J]. 上海大学学报（社会科学版），2008，15（4）：90-99.
[5] 孙静怡，王和平. 中国新闻话语：现状与趋势 [J]. 编辑之友，2012（11）：66-69.

的应用,并揭示了话语背后的权力和意识形态的关系[1]。郭继荣和王馨苑从宏观和微观两个维度对2013—2021年《中国日报》与《纽约时报》进行了新闻话语分析,总结提炼了中西方主流媒体在民族问题背景下进行塑造国家形象的话语建构的策略[2]。

(二) 国外话语分析研究综述

我国对于话语分析的理论探索和实践研究均源于西方话语分析理论。通过话语分析不同的侧重点,可以将话语分析的研究学派分为英美学派、德法学派及批评话语学派[3]。对于国内话语分析研究领域影响力较大的三个代表理论是福柯的话语分析理论,梵·迪克的话语分析理论和费尔克拉夫的话语分析理论。

首先,在福柯的话语分析理论中,更加侧重于通过话语分析来研究话语所反映的社会实践等相关问题[4]。在话语分析的研究方法中,福柯的话语分析理论经常被学者引用参考。

其次,费尔克拉夫作为批评话语学派的代表人物之一,他把话语分析分为文本、话语实践和社会文化实践,系统地分析了整个社会制度、社会结构和社会文化环境中新闻话语生产、传播和消费的过程[5]。

最后,梵·迪克将话语分析应用于新闻话语分析中,以文本视角和语境视角为出发点,通过语言学、叙事结构分析、文体学、修辞学等多学科对新闻文本进行分析和研究。梵·迪克的话语分析理论也是本书的重要理论依据和理论支撑。

梵·迪克从理论层面提出了新闻图示结构范畴,对新闻报道中不同范畴内的信息功能进行概括,并且强调新闻标题和主要事件是最重要的内容,新闻中

---

[1] 韩清怡. 福柯话语权力视域下主流媒体话语体系的建构研究:以央视新闻为例 [J]. 科技传播, 2021, 13 (1): 62-64.

[2] 郭继荣, 王馨苑. 中西方主流媒体对中国民族问题的话语建构:以《纽约时报》和《中国日报》为例 [J]. 情报杂志, 2021, 40 (12): 120-126.

[3] Fowler, Roger. A Dictionary of Modern Critical Terms [M]. London and New York: Routledge & Kegan Paul, 1987: 10-12.

[4] Jorgensen, Marianne and Phillips, Louise. Discourse Analysis as Theory and Method [M]. London: Sage Publications, 2002: 12.

[5] 费尔克拉夫. 话语与社会变迁 [M]. 殷晓蓉, 译. 北京: 华夏出版社, 2003: 68-72.

必须包含这两个范式，其他结构是相对弱化的。

梵·迪克的话语分析理论注重从文本和语境两个视角进行分析，文本视角是对宏观层面的内容（新闻图式、主题结构）与微观层面的话语表达（句式、词汇、修辞和措辞风格）进行分析；语境视角是对新闻话语的生产环境、接收环境及国内外社会文化的背景语境进行分析描述[1]。

本书基于梵·迪克的话语理论，从文本与语境的双重视角对新华体育推特讲好中国体育故事的话语进行分析，解读新华体育推特的话语特征、话语建构效果、话语建构不足并提出提升策略，以期丰富和充实中国主流媒体讲好中国体育故事的话语研究。

综上所述，上述文献综述主要梳理了国内学者和国外学者对话语分析理论的研究及其现状。通过文献梳理发现，国外话语分析的研究侧重于理论性研究，而国内对话语分析的研究侧重于理论性与实践性相结合的研究。虽然国内话语分析理论研究起步较晚且仍处于发展阶段，但是学者的研究内容相对丰富，针对不同类型的新闻话语均展开了研究，为本书提供了重要的理论支持。

五、研究现状评介

通过对主要概念进行界定和对主要文献进行整合与分析发现，目前关于主流媒体讲好中国体育故事的话语研究是值得拓展的领域，本书以此总结出如下观点。

第一，体育以其独特的国际通用性、情感魅力值、传播感染力构成世界重要的文化体系，目前已经成为国际通行的文化符号之一。体育故事是中国体育故事的重要组成内容，在建设体育强国的历史进程中，中国主流媒体需要讲好中国体育故事，传播好中国体育声音。

第二，在"讲好中国体育故事"这一时代命题中，"故事"是话语主体，"讲"是话语建构方式。中国主流媒体在面对国际受众时，既要做到"故事好"，又要做到"讲得好"，将话语主体的"好"和话语建构的"好"结合起来，才能取得最佳的话语建构效果。

---

[1]托伊恩·A.梵·迪克.作为话语的新闻[M].曾庆香，译.北京：华夏出版社，2003：18.

第二章 主流媒体讲好中国体育故事话语研究的概念界定与文献综述

第三，中国主流媒体逐步开始在 Twitter、YouTube 等海外社交平台进行对外传播，但是尚处于成长探索阶段。虽然与西方主流媒体还有一些差距，但是新华社、人民日报社、中央广播电视总台等媒体在话语生成能力和传播延展能力方面均开始进行了积极的尝试。

第四，中国主流媒体在 Twitter 平台以传播中国思想、中国价值、中国法律的新闻为主，积极讲述中国故事，发出中国声音，让更多的海外用户了解真正的中国。中国媒体也积极参与对国际事务的报道，力图拉近与海外用户的距离。

第五，习近平总书记倡导并践行"讲好中国故事、传播好中国声音"，在论述中多次提到新闻媒体要积极进行对外传播并应用新媒体技术。体育的国际属性和文化属性又决定了讲好中国体育故事和提升国际传播力的必要性，但是，目前关于讲好中国体育故事系统的话语研究还存在空白。话语分析理论的基础和中国主流媒体已经开展的讲好中国体育故事的话语实践为本书的研究内容提供了必要条件。

主流媒体讲好中国体育故事话语研究的基本设计 第三章

一、研究对象

新华体育推特于2016年5月开通并运营,属于国内较早在海外社交平台进行对外传播的主流媒体。新华体育作为新华社的分支,拥有良好的受众基础、优秀的新闻制作和运营团队,在信息的采集与发布技术上已相当成熟,截至2021年12月,其粉丝数已达到88.19万人,推文总数达到了1.36万条。新华体育推特有6个关注对象,分别是国际滑联(@ISU_Figure)、世界反兴奋剂机构(@wada_ama)、2018平昌冬奥会信息服务(@OIS_PC2018)、CGTN(@CGTNOfficial)、北京2022(@Beijing2022)及中国新华社(@XHNews)。

本书选取2017年1月至2021年8月新华体育推特所有属于中国体育故事范畴内的4685条推文作为研究对象,以梵·迪克新闻话语分析理论为主要研究理论和依据,从文本视角分析话语文本结构的特征,从语境视角分析影响话语的各种环境因素,总结新华体育推特讲好中国体育故事的话语特征,探索其话语建构效果与存在的问题,并提出应对策略,进而探求中国主流媒体讲好中国体育故事的话语建构路径。

本书之所以选取2017年1月至2021年8月作为研究起始时间,主要基于以下考虑:第一,新华体育推特账号于2016年5月开通,2016年其推文内容不满一年,且整个内容生产处于摸索阶段,话语主题内容相对不完整,因此本书将2017年作为研究起始年。第二,奥运会等大型体育赛事主题是中国体育故事的重要内容,是新华体育推特讲好中国体育故事的重要契机,因此在截止时间上,本书选择东京奥运会闭幕式时间(2021年8月8日)所在的月份为截止时间,即以2021年8月31日作为研究的最终日期。这样,能够保证研究区间包含一个奥运赛事,因为其是讲好中国奥运故事和讲好中国体育故事中非常重要的内容。

二、研究方法

(一)文献资料法

查找中国知网数据库(CNKI)、万方数据库、维普网等平台的相关资料,以"讲好中国体育故事""新闻话语""主流媒体话语建构""海外社交平台(社交媒体)话语建构"为关键词,时间跨度不限,共检索到相关文献4550篇,其中与本书的研究内容具有较高关联性的文献共80篇,为本书充分地了解讲好中国体育故事的内涵和外延、媒体话语建构的内容和形式、海外社交平台对外传播的方法和策略奠定了基础。

参阅《传播学教程》《作为话语的新闻》《习近平新闻舆论思想要论》《基于CIS理论的我国体育国际形象传播路径研究》等相关书籍,对"讲好中国故事""中国体育故事""主流媒体""海外社交平台"等相关概念进行明确,为本书所依附的主要理论梵·迪克的话语分析理论进行研究适配性的论证与确定奠定了基础。

浏览人民网"习近平系列重要讲话数据库"、光明网、新华网等国家主流媒体在讲好中国故事、对外传播、提升国际话语权方面的国家领导人讲话、方针政策等资料,为本书研究的开展明确了政治方向。

通过对上述资料的梳理和研究,本书获得了大量有关讲好中国体育故事话语研究范畴内的资料,为研究奠定了基础,并形成了具体的研究思路。

(二)话语分析法

梵·迪克为新闻分析提供了一个新的理论框架,即话语分析,分别从文本和语境两个视角出发,将新闻文本分为宏观层面和微观层面进行分析,新闻图式包括概述、情节、后果、口头反应、评论,但上述图式范畴都仅在理论上存在，标题和主要事件是绝对不能缺少的成分。由于新华体育推特上的中国体育故事推文属于社交媒体信息，推文中不存在标题，无法构建和分析新闻图式结构，因此本书在文本视角的宏观层面，仅对中国体育故事推文的主题结构进行分析；在微观层面，对中国体育故事推文的句式、词汇、修辞和措辞风格进行分析总结。在语境视角方面，对新华体育推特中国体育故事话语建构的背景语境、话语生产语境和话语接收语境进行分析研究。

(三) 文本分析法

文本分析法是一种质化的分析方法，它指的是从文本的表面深入文本更深的层面，探索文本中不为人知的深层含义。本书通过反复细读文本，从句式、词汇和修辞等多个角度对新华体育推特讲好中国体育故事的微观话语进行分析，结合语言学和修辞学等学科知识对文本内容进行微观层面的解读，以发现中国体育故事推文文本中更深层次的内涵，并总结出中国体育故事的微观话语特征。

第一步，对2017年1月至2021年8月新华体育推特发布的所有推文利用Python工具，通过关键词检索的方式采集中国体育故事推文文本，获得原始数据。Python是一种解释性脚本语言，需要在网页浏览器登录Twitter平台收集相关推文文本，然后使用Python语言编写程序运行代码，并将其以csv格式对内容进行永久化保存。

第二步，通过人工筛选的方法，对重复性推文和不属于中国体育故事范畴内的推文进行过滤和删减。

第三步，利用文本分析工具（如TextBlob）对数据进行预处理，包括文本清洗及数据编码。

第四步，运用TextBlob对中国体育故事推文的英文词频、词汇和推文情感进行分析。TextBlob是一个在Python编写的开源文本处理库，它可以进行英文词性标注、英文词性区别和英文情感分析等，功能十分全面。

第五步，对中国体育故事推文文本内容进行归纳总结，最终得出中国体育故事推文文本微观话语的特征。

第三章 主流媒体讲好中国体育故事话语研究的基本设计

三、研究设计与思路

(一) 研究设计

为了更加全面、细致地探究中国主流媒体讲好中国体育故事的话语实践过程，需要对中国体育故事的文本进行分析。本书采用关键词检索的方式对新华体育推特"中国体育故事"推文进行筛选，同时为确保中国体育故事推文可以被充分检索到，从细微处对中国体育故事的关键词进行梳理和归纳，并将所选取的关键词和与之相近的同义词一并加入中国体育故事关键词检索的行列中。

本书样本的关键词选取主要参考学者郭晴[1]和卢兴[2]等人对中国体育故事关键词的总结，并根据研究实际对其进行丰富，具体如下：

第1类，竞技体育类推文，包括体育赛事名称和竞技项目名称，如奥运会、锦标赛、世界杯、田径、羽毛球、射击、体操、乒乓球、马拉松、体操、游泳、冰壶、短道速滑、滑雪等。

第2类，群众体育类推文，除了上述已经包含的群众体育关键词，还有广场舞、体育课、暴走团等。

第3类，中国传统体育类推文，包括龙舟竞渡、武术、太极、咏春、棍术、刀术、舞龙、舞狮、蹴鞠、打马球、踩高跷、板鞋比赛、弄潮、冰嬉等。

第4类，体育人物类推文，参考新华社、人民日报社等主流媒体在2017年1月至2021年8月所评选的体育人物，如孙杨、武大靖、杨倩、全红婵、孙颖莎、马龙、樊振东、刘国梁、郎平、朱婷等。

第5类，体育热点类推文，参考新华社、人民日报社、中央广播电视总台、腾讯体育、新浪体育等媒体评选的2017年1月至2021年8月体育热点新闻，如武汉成功举办第七届世界军人运动会、中国首次举办男子篮球世界杯、东京2020年奥运会、北京2022年冬奥会及北京2022年冬残奥会等。

本书发现，以该种方式对推文进行检索具有较强的覆盖性，可以减小样本

---

[1] 郭晴, 赵琬莹. 向世界讲好中国体育故事的典范性探索：评《基于CIS理论的我国体育国际形象传播路径研究》[J]. 河北体育学院学报, 2022, 36 (1): 57-61.
[2] 卢兴, 郭晴, 荆俊昌. 中国体育故事国际传播的显性要素与隐序路径：基于国际视频网站YouTube的叙事认同研究 [J]. 上海体育学院学报, 2021, 45 (5): 1-9.

数据的误差，但其缺点是出现了一部分与中国体育故事无关的推文。因此，为了保证样本具有代表性，分析结果更具合理性和规范性，在编写 Python 代码时，加入"去重复化"代码，将重复性推文进行过滤，然后人工剔除不属于中国体育故事范畴内的推文，最终获得有效样本共计 4685 条。

（二）研究思路

本书的具体研究思路如图 1 所示。

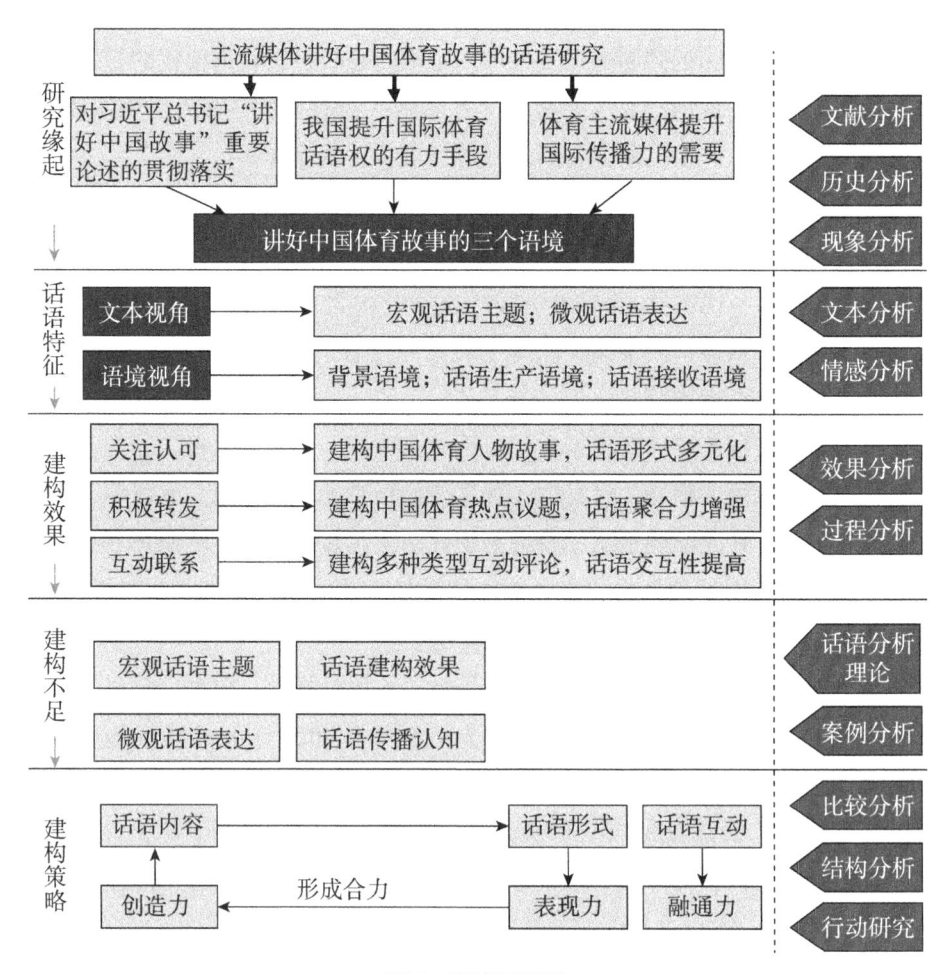

图 1　研究思路图

主流媒体讲好中国体育故事的话语特征 / 第四章 CHAPTER 04

中国正"前所未有地靠近世界舞台中心",在国际传播格局中,中国需要积极研究对外传播策略,向世界传递中国文化,让世界更好地了解中国,向世界人民展现和平友好的国家形象。习近平总书记强调,讲好中国故事,争取国际话语权是我们当前必须解决好的一个重大问题[1]。在新型对外传播格局下,新型主流媒体的海外社交平台开始纷纷"出海"进行对外传播,如新华社和人民日报社纷纷迈出体育对外传播的步伐,着眼于讲好中国体育故事。本章将首先概述新华体育推特中国体育故事推文的基本情况,进而从文本视角和语境视角分析新华体育推特讲好中国体育故事的话语特征。

一、新华体育推特中国体育故事推文的基本情况

新华体育推特于 2016 年 5 月开通并运营,作为国内较早在海外社交平台进行对外传播的主流媒体,新华体育推特继承中国国家通讯社充足的新闻资源和较强的国际影响力的传统,在日常推文推送的过程中注重中国体育故事的议程设置,注重中国体育精神的宣扬,注重中国体育文化的推广。在本书的研究跨度 2017 年 1 月至 2021 年 8 月这一区间内,适逢平昌 2018 年冬奥会、东京 2020 年奥运会两大奥运赛事,以及 2018 年雅加达亚运会这样的洲际综合运动会和 2018 年俄罗斯世界杯这样的足球盛宴,包含了大型体育赛事的高潮和常规时间段的平稳,能够有效地覆盖相当长时间段我国主流媒体讲好中国体育故事的基本情况。

---

[1]习近平. 在全国党校工作会议上的讲话 [J]. 求是,2016(9):1.

(一) 中国体育故事推文的发布频率：以体育赛事为据点发布

主流媒体海外社交平台中国体育故事推文推送的质量和数量与对外传播能力息息相关，平均每日推文数量能够在一定程度上反映主流媒体体育新闻内容生产的实力及中国体育故事相关议题设置的密度。本书通过数据爬取和人工筛选，最终得到2017年1月至2021年8月新华体育推特中国体育故事推文共4685条。

新华体育推特中国体育故事推文的发文频率为2017年801条、2018年1157条、2019年1167条、2020年833条、2021年1—8月727条（图2）。

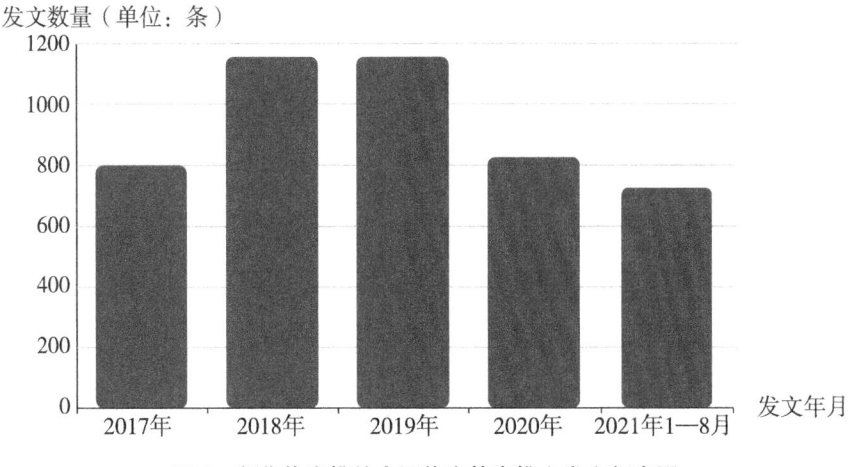

图2 新华体育推特中国体育故事推文发文频率图

新华体育推特中国体育故事推文在发文频率上有一定程度的波动，但基本稳定在800~1200条/年，结合当时国际、国内体育自身发展的情况可以发现，新华体育推特中国体育故事推文的发文频率主要以大型体育赛事的宣传推广为时间据点，呈现赛时发文较多、常规时间发文较少的基本特征。如果以年为统计单位进行分析的话，造成这种波动的原因是：首先，2017年是一个"体育小年"[1]，国内体育赛事和国际体育赛事不多，这样的体育环境对新华体育推特讲好中国体育故事的话语主题设置造成了一定的局限；2017年是新华体育推特

---

[1] 王集旻，林浩．"后奥运"时代同样精彩：2017年重要体育赛事展望［EB/OL］．［2016-12-30］．http：//sports.people.com.cn/n1/2016/1230/c22155-28989124.html．

成立的第二年，新华体育推特在讲好中国体育故事的对外传播主题创新和话语建构方面还处于慢慢尝试和摸索的过程之中。其次，2018年相继举办的平昌冬奥会、俄罗斯世界杯、雅加达亚运会等大型体育赛事，燃起了世界各国人民对体育的极大热情，为新华体育推特讲好中国体育故事、传递中国体育声音提供了较为充足的话语主题素材和话语建构样本。再次，2019年虽然同样是"体育小年"，但仍有许多体育赛事吸引了海内外受众的目光，如2019年第七届世界军人运动会、2019年国际篮联篮球世界杯等都为新华体育推特讲好中国体育故事提供了有利条件。最后，2020年初，新冠肺炎疫情笼罩全球，大量体育赛事宣布延期举办或者暂时中止举办，如东京2020年奥运会宣布延期举办，如此情形对新华体育推特讲好中国体育故事造成了一定的限制。为此，新华体育推特独辟蹊径，除发送与体育赛事相关的体育故事外，还通过内容筛选和形式创新讲好中国体育故事，如通过发布中国运动员居家锻炼推文，既向国际受众宣传了中国运动员积极阳光的一面，也向国际受众塑造了在疫情时期关注全民健康、积极向上的中国国家形象；既讲好了中国体育故事，也描绘了中国抗疫图鉴。

除此之外，新华体育推特平均每月发送中国体育故事推文数约83条，平均每天发送推文约3条，由此可以看出，在国际体育传播环境中，新华体育推特中国体育故事推文的发文频率相对较低，对外传播能力稍显不足。这与海外社交平台的传播环境以英文为主有较大关系。西方主流媒体在语言环境传播中占据着较为有利的传播地位，中国主流媒体需要对中文表意进行外文解码，这样的非直接语言传播对新华体育推特中国体育故事的话语传播造成了一定的限制。

（二）中国体育故事推文的呈现形式：以图文搭配为主要形式

新华体育推特中国体育故事的呈现形式基于Twitter基本的推文要求，推文的上限字符为140个字符，2017年11月，Twitter为了更好地方便用户进行信息发布和情感交流，将上限字符由140个字符调整至280个字符。因此，在本书的研究跨度内，新华体育推特逐渐从早期的文字形式过渡到现在的以文字、图片、视频和web链接为主要形式呈现中国体育故事。由于早期Twitter平台140个字符的限制，一部分用户表示不能充分表达自己的观点和情感，因此Twitter

官方为用户提供了一种附加 web 网页链接的推文形式，用户可以在推文内容中加入网页链接，在所链接的网页中发布信息以作为主体推文的补充部分，从而更好地表达观点和情感。如中国三人女篮获得东京 2020 年奥运会铜牌的竞技体育故事推文是以图片加文字的推文形式呈现的（图3）；中国选手积极备战东京2020 年奥运会的备战故事推文是以视频加文字的形式呈现的（图4）。

图 3　新华体育推特发布的中国女篮（3V3）获得东京奥运会铜牌推文

图 4　新华体育推特发布的中国运动员训练为东京奥运会做准备推文

新华体育推特中国体育故事推文的主要存在形式为纯文字、文字加图片、文字加视频，文字与图片或视频的搭配占据主流，其具体数量和占比如表1所示。

表 1　新华体育推特中国体育故事推文形式、数量及占比

推文形式	纯文字	文字加图片	文字加视频
推文数量（条）	131	2757	1797
推文占比（%）	2.80	58.85	38.36

新华体育推特更加倾向于使用文字加图片的形式讲好中国体育故事，此种形式的使用量约占中国体育故事推文总数的 58.85%；其次是文字加视频的使用量，约占推文总数的 38.36%；纯文字推文的使用量最低，约仅占推文总数的 2.80%。从新华体育推特中国体育故事呈现的推文形式看，文字加图片推文的

使用量最高，其也因简洁、直观、内容生产时间短等特点成为全世界微博客最青睐的一种表达方式。另外，随着全球化短视频新兴发展的井喷态势，新华体育推特中国体育故事的文字加视频形式推文数量逐渐增加，与全球日益兴起的短视频热潮不谋而合。这些视频长度符合一般社交平台视频的基本规律，新闻视频类推文的时长一般在3分钟以内，但是Vlog类视频时长一般在5分钟左右，直播类（Live）视频时长一般为1~2小时。

（三）中国体育故事推文的文本类型：以原创推文为主要类型

本书将新华体育推特中国体育故事推文的文本类型分为三种，分别是原创型推文、转发型推文和内容再生产型推文，其具体数量如表2所示。

表2 新华体育推特中国体育故事推文文本类型及数量

推文文本类型	原创型推文	转发型推文	内容再生产型推文
推文数量（条）	4601	11	73

1. 原创型推文

新华体育推特中国体育故事推文绝大多数都是原创的，共有4601条，占总推文数量4685条的98.21%。从内容上可以看出，新华体育推特以中国运动员获得体育比赛胜利的新闻作为中国体育故事推文的主要内容。除此之外，新华体育推特还创新性地推出了Vlog短视频栏目，即国际传播融合平台的原创视频栏目Globalink（全球连线），用视频的表达方式以全球视野、中国视角讲好中国体育故事。新华社是中国国家通讯社，新华体育作为它的分支具备优质的新闻制作团队，所以在Twitter平台的对外传播中，新华体育的中国体育故事推文绝大部分都是原创内容，这也从一定程度上体现了新华体育讲好中国体育故事的话语生产能力较强。

2. 转发型推文

对所爬取的4685条中国体育故事推文，以reported为关键词进行检索，最终共检索到56条推文，经过人工筛选后确定转发型推文共11条。除了转载其他中国媒体的体育新闻，新华体育推特还通过转载国内短视频平台的内容来丰富讲好中国体育故事的话语呈现方式，如抖音 App（应用程序）和微博 App。

在当前新型的传播环境中，新型媒体已经成为媒体创新话语传播手段的重要渠道。通过图 5 可以看出，在新冠肺炎疫情暴发初期，新华体育推特于 2020 年 2 月 1 日讲述的羽毛球奥运冠军高崚居家锻炼的体育故事 "See how Olympic badminton champion Gao Ling works out at home"（图 5）就是源自国内抖音 App 的短视频（图 6）。

图 5　新华体育推特发布的羽毛球奥运
　　　冠军高崚视频截图

图 6　羽毛球奥运冠军高崚
　　　抖音视频截图

3. 内容再生产型推文

新华体育推特除了有原创内容和转发内容，还有一部分推文是采用内容再生产方式进行中国体育故事的话语传播。这种方式大多是对运动员生活娱乐方面的视频或图片进行转载，并对转载的视频进行英文描述和内容丰富。

通过图 7 可以看出，该视频的描述为"来吧，抗击病毒，在家也能运动起来！闲着也是闲着"，由于这个是杨威个人微博账号所发布的内容，文字过于口语化，因此新华体育推特在进行转载时，对微博的视频文案描述进行了再次创作和丰富 "See how Olympic gymnastics champion Yang Wei exercises indoors in locked-down Wuhan"（看看奥运会体操冠军杨威如何在武汉封城时进行居家锻炼）（图8），增加了对此事件的描述，也向海内外受众传递了全民健身的理念。

图7 体操奥运冠军杨威微博视频截图

图8 新华体育推特发布的体操奥运冠军杨威视频截图

综上所述，新华体育推特在讲好中国体育故事的过程中使用文字、图片、视频和web链接分别组合的形式进行对外传播，尤其是新华体育推特的视频引源，一部分的视频是来自国内抖音和微博等新型社交媒体平台。另外，Vlog（如Miranda的Vlog）和原创型视频的使用，都在一定程度上提高了中国体育故事传播的时效性和内容的丰富性。

(四) 中国体育故事推文情感：以客观中立为主要情感

文本情感分析是对新华体育推特中国体育故事推文情感上的识别，主要采用计算机技术进行辅助，然后分析推文文本的话语情感，对其中的主客观情感进行提取和区分。本书使用 TextBlob 对中国体育故事英文推文内容进行情感分析，首先对推文文本进行分词，然后对情感分析进行打分。情感属性返回形式为情感（极性，主观性）的命名元组，极性分数在 [-1.0, 1.0] 范围内浮动，其中客观性是在 [0.0, 1.0] 范围内的浮动，非客观性是在 [-1.0, 0.0] 范围内的浮动，1.0 为非常客观，-1.0 为非常不客观。

通过表3数据可以看出，新华体育推特中国体育故事的话语建构中的推文情感整体呈客观中立性，客观的结果为1584条，非常客观的为3101条。这表明新华体育作为中国主流媒体，遵循了新闻报道的真实、客观、全面、公正的基本原则。

表3 新华体育中国体育故事推文情感分析结果

推文情感	非常不客观	不客观	客观	非常客观
推文数量（条）	0	0	1584	3101

二、新华体育推特讲好中国体育故事的话语特征

在现代社会，社会公众会不可避免地受到新闻的影响。新闻话语具有广泛性和重要性，不仅是受众获取知识和信息的渠道，也是反映社会发展变化的晴雨表。有效且准确的话语分析能够了解新闻媒体的媒介定位、明晰新闻媒体议程设置的基本逻辑、明确新闻媒体舆论引导的基本方向。随着网络信息技术的高速发展，传统媒体纷纷转型，逐渐走上了媒体融合的道路。特别是随着媒介全球化和经济化的发展，新型主流媒体纷纷建立海外社交媒体，以期在更广阔的视野下进行对外传播。

(一) 文本视角：多元话语模式建构中国体育故事

梵·迪克认为，文本视角是对各个层次话语结构的描述，在对文本进行主

题讨论时，需要从深层的语义角度进行研究，将注意力投放到语篇较大的词段里[1]。对新华体育推特讲好中国体育故事的主题结构进行宏观上的把握，对其词汇、句式、修辞和措辞风格进行微观上的分析，有助于清晰地呈现新华体育推特讲好中国体育故事的话语特征，进而探寻讲好中国体育故事的话语建构策略。

1. 宏观主题分析

从宏观层面看，话语主题对文本的总体性理解十分重要。本书将从全面宏观的视角，对新华体育推特讲好中国体育故事的宏观话语主题进行分析。根据梵·迪克话语分析理论可以得知，话语主题无法从单个词语或者单个句子中进行归纳和总结，主要根据话语内容的主体思想或关键信息进行分析。

本书从梵·迪克的宏观主题结构出发，将新华体育推特中国体育故事推文划分为多元的话语主题，包括中国体育梦故事、中国体育文化故事和中国体育交流故事三类主题。中国体育梦故事是中国体育故事的重要内容之一，展现了中华民族实现伟大复兴宏伟目标的魄力；中华体育文化故事是中国体育文化对外宣传的重要平台，起到在国际舞台上展现中华民族优秀传统文化魅力的作用；中国体育交流故事能够体现中国和平发展、对外友好交往的态度，对于塑造中国大国形象具有良好的促进作用。

为了更好地研究新华体育推特讲好中国体育故事的话语特征及建构，按照梵·迪克的主题结构建构要求，本书通过对新华体育推特中国体育故事推文的精确分类和内容的定向生产，将新华体育推特中国体育故事推文主题结构进行分类建构，用 M 对中国体育故事这一主题进行分类和标注。一级宏观主题为 M1 和 M2，次一级为 M_1^1 和 M_2^1，并以此类推。一级宏观主题为 M1 中国体育梦故事、M2 中华体育文化故事和 M3 中国体育交流故事；二级宏观主题分别为竞技体育梦、群众体育梦、奥运项目、非奥运项目、元首外交、民间交流，并以此类推（图9）。

---

[1] 托伊恩·A. 梵·迪克. 作为话语的新闻 [M]. 曾庆香, 译. 北京: 华夏出版社, 2003: 19.

```
                        中国体育故事
        ┌──────────────────┼──────────────────┐
   中国体育梦故事        中国体育文化故事      中国体育交流故事
    ┌────┴────┐          ┌────┴────┐          ┌────┴────┐
 竞技体育梦  群众体育梦   奥运项目  非奥运项目   元首外交   民间交流
    │          │          │          │          │          │
  奥运会    大众马拉松  女排精神文化  武术文化  习近平体育外交  民族传统体育运动
```

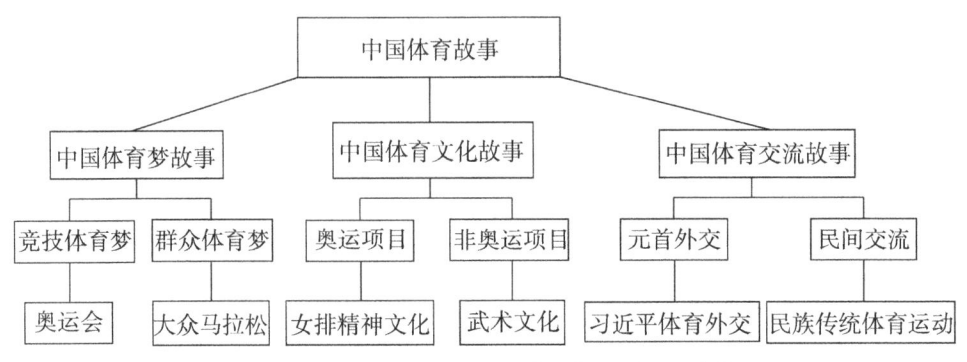

图9　新华体育推特中国体育故事推文的主题结构

新华体育推特讲好中国体育故事所建构的宏观话语主题层次分明，基本覆盖了我国主流媒体希望展现给海内外受众中国体育发展的基本面貌。在中国体育梦故事这一级话语主题中，竞技体育梦是中国体育梦故事的一个典型主题，其中奥运主题最具代表性。奥运会是一个具有政治、文化、外交属性及优秀体育故事素材的大型国际体育赛事，能够体现中华民族勇往直前、不畏艰难险阻的精神力量和优秀品质。群众体育梦也是中国体育梦故事的另一个典型主题。群众体育是中国体育发展的重中之重，发展群众体育有助于推动健康中国的建设。群众体育始终坚持以促进人的全面发展为目的，对于实现全民健康具有重要意义。群众体育同时是新发展阶段"体育强国"和"健康中国"建设的重要组成内容，尤以2017年开始在我国出现的"马拉松热"最具代表性。马拉松作为群众体育中受到广泛青睐的项目，对于促进全民健身、加快群众体育发展、改善居民生活方式具有重要意义。在中国体育文化故事这一级话语主题中，女排精神文化主题和武术文化主题是两个非常重要的话语主题。女排项目是我国的优势项目，受到了广大人民的喜爱。中国女排的发展总体呈曲折向前的态势，女排精神是中华民族的宝贵财富，加强女排精神的对外话语建构有利于弘扬中华民族优秀的文化精神。武术文化主题故事可以促进海外受众更好地了解中国。武术文化是中国传统体育文化的一部分，武术文化故事的建构可以提升中国传统体育文化的影响力。在中国体育交流故事这一级话语主题中，习近平体育外交主题是中国体育交流故事乃至中国体育故事这一主题中最具代表性和领导性的主题，也是新华体育推特讲好中国体育故事的重要内容。一是因为习近平体育外交故事有着非常重要的代表性，能为新华体育推特讲好中国体育故事提供丰富的话语建构素材，其中涵盖了习近平主席参与的体育外交活动及其在活动中的讲话内容；二是因为习近平体育外交故事具有较好的引领性，讲好习近平体育外交故事有助于向国际社会展现中国风采、传递积极向上的中国声音、塑造和平友好的国家形象[1]。民族传统体育主题是中国体育交流故事的重要话题。民族传统体育凝聚了中华传统文化的精神力量，向国际社会展示了中国丰富的体育文化资源及优秀的体育价值观。《体育强国建设纲要》强调，要大力弘扬中华体育精神，传承中华传统体育文化，推动中国民族传统体育运动项目朝着国际化的方向迈进。为此，民族传统体育故事的设立，可以在国际舞台中向世界人民展示中国丰富多彩的体育文化，反映出中国人民幸福甜美、稳定美满的生活情景。

(1) 中国体育梦故事主题

新华体育推特讲好中国体育故事新闻话语一级宏观主题 M1 中国体育梦故事下的次一级主题分别是竞技体育梦和群众体育梦，主要通过文本高频词汇提炼、文本编码、类目建构得出。"体育强则中国强"的思想已经植根于每个中国人的心中，走进新时代，体育强国梦与中国梦紧密结合、息息相关，中国在国际体育赛场的成绩可以从一定程度上反映出国家竞技体育发展水平、训练保障措施、疫情期间的国家防疫政策等方面的先进程度，甚至是国家的综合国力，这也是世界各国在国际体育赛事中拼命争先的内生动力。

①以奥运会为主题的竞技体育梦故事

第一，奥运赛事是竞技体育梦故事的主要内容。竞技体育的发展与国家的发展和民族的发展有着密切的联系。中国竞技体育的蓬勃发展从侧面反映了中国社会的发展和进步，能够展示出中国竞技体育发展的强大生机与活力。中国运动员牢记中国梦和体育强国梦的责任和使命，在体育赛场中奋勇拼搏，获得的金牌数量不仅向世界正面展示了中国运动员过人的体育技战术能力和水平，还从侧面向国际社会展现了中国体育的进步和崛起，以及中国正在向体育强国的目标迈进。奥运会作为大型体育赛事，拥有丰富的中国体育故事的话语素材，新华体育推特也借助平昌冬奥会、东京奥运会两大奥运盛会努力向国际社会讲

---

[1] 郑奥成，郑家鲲. 习近平总书记关于体育工作重要论述研究述评：特征与展望 [J]. 武汉体育学院学报，2020，54（5）：5-11.

好中国竞技体育故事。

第二，中国运动员的故事是竞技体育梦故事的核心内容。运动员是体育赛事的主人公，对运动员参赛故事的话语塑造是讲好中国体育故事的灵魂。通过爬取4685条中国体育故事的推文数据可以看出，新华体育推特在讲好中国体育故事的话语建构过程中非常注重对中国运动员故事的建构和形象塑造。无论是国际赛事还是国内赛事，中国运动员都代表了国家的希望和民族的期盼。新华体育推特在设置讲好中国体育故事话语主题时，经常以竞技体育梦故事为讲述背景、以中国运动员为主人公，宣传为国家荣誉而战的拼搏精神，其中竞技体育故事梦的故事类型主要包括以下几种（表4）。

表4 竞技体育梦故事类型及数量

竞技体育梦故事类型	比赛获胜	比赛失利	获得金牌	获得奖牌
推文数量（条）	944	152	177	403

通过表4的数据可以发现，2017年1月至2021年8月，新华体育推特在中国体育故事的报道中与竞技体育梦故事有关的报道大多是中国运动员取得比赛胜利的新闻，如运动员或中国队成功晋级决赛、夺得冠军（金牌）等，推文共计944条，约占中国体育故事总推文数的20.15%；比赛失利的报道量相对较少，共计152条，约占中国体育故事总推文数的3.24%，逐渐改变了以往唯金牌至上的传统体育报道倾向。在比赛胜利的报道中以获得金牌为主要报道内容的共计177条；对未获得金牌但获得奖牌的报道量达到403条，这也充分体现了主流媒体的舆论引导是对失利者的包容和鼓励，宣扬即便其未登上最高领奖台，也值得被歌颂和赞扬，这也体现了中国开放、包容的大国形象。

从推文的内容来看，新华体育推特对中国运动员的态度是积极的，这体现在对获得金牌、奖牌和晋级的运动员的肯定话语和积极情感方面，如对运动员在比赛中的表现进行表扬和正面描述，并鼓励和安慰那些在比赛中失利或未获得奖牌的运动员。由于中国的气候环境条件在一定程度上影响了冰雪运动的普及，人们对于冰雪运动缺乏充足的了解，并且冰雪运动项目也缺乏足够的技术经验，所以冰雪运动长期以来都是中国竞技体育的弱势项目。但随着北京成功申办冬奥会，从2015年至今，中国冰雪运动开始迅速崛起。以平昌冬奥会上中

第四章 主流媒体讲好中国体育故事的话语特征

国运动员的赛况及表现为例，在武大靖获得短道速滑男子 500 米奥运冠军，并且突破自我打破了该项目的世界纪录后，海内外受众对冬奥会相关话语主题的讨论也逐渐增多，国际社会对中国冬奥的赛场表现也逐渐关注。总之，在平昌冬奥会的比赛中，中国运动员的表现非常值得称赞，他们都是中华民族的骄傲。虽然其他中国运动员在平昌冬奥会的很多体育项目中没有获得冠军，但是他们都创下了中国参加冬奥会历史以来最好的成绩，在一定程度上填补了一部分项目成绩的空白。所以，新华体育推特在讲好中国体育故事的议题设置上弱化了唯金牌论，更多地从项目突破的角度出发、从竞技精神的弘扬出发，呈现给观众一种积极向上的面貌。

新华体育推特在讲好中国运动员的体育故事这一话语建构的过程中，除了对运动员竞技赛场进行话语建构，还通过讲述中国运动员在赛场以外的故事来全方位、多视角讲述中国运动员体育故事。新华体育推特将中国运动员的故事立足于中国普通群众的形象，以普通群众的视角讲述中国体育故事，呈现中国运动员的场外形象，带给海内外受众一种立体、亲和的感觉。通过图 10 可以看出，这条推文通过视频的形式向海内外受众讲述了跆拳道奥运冠军吴静钰在产后重返赛场的励志故事，展现了她除了是一名跆拳道运动员，在赛场外还是一个普通女性和母亲的形象，拉近了受众与奥运冠军的距离，也从侧面展示了中国运动员骨子里的竞技体育梦。

图 10 新华体育推特发布的跆拳道奥运冠军吴静钰讲述产后重返奥运赛场的励志故事视频截图

②以大众马拉松为主题的群众体育梦故事

在体育强国建设的征程中,群众体育事业的多样化发展影响着中国特色体育事业的发展新格局。群众体育旨在调动广大人民群众广泛参与体育运动,大众化是群众体育最大的特点,社会各界共同推动为群众体育发展提供了便利条件。群众体育梦的实现需要依靠群众体育的力量,增强人民群众体质则是保证人民群众身心健康的重要路径。

田径中的跑步运动因为不太受时空的限制,又能有效提升锻炼者的体质,是群众体育中非常喜闻乐见的运动项目。近年来,由于市场化的运作和成熟的竞赛体系,城市马拉松赛事呈现井喷式发展,大众参与马拉松赛事的热情逐渐高涨。大众马拉松是群众体育梦故事的典型代表,中国田径协会2020年发布的《2019中国马拉松大数据分析报告》显示,2019年全国共举办了1828场大型马拉松活动,比2018年增加247场,同比增长15.62%。而在2016年和2017年,这项数据分别为993场和1102场。据统计,2019年中国参赛总人数为712.56万人,比2018年的583万人增加了129.56万人,同比增长22.22%,2017年参赛人数为498万人[1]。近些年来,无论是马拉松赛事目前在国内的热度还是跑马人数的大量增长,都与国内全民健康健身意识的提高息息相关,马拉松在国内的大热体现着热情的国人对于生活的热忱和健康的追求。马拉松作为"舶来品"在国内可能发展至成熟后,也会像其他发达国家一样,演化为一种或多种带有中国民族特色和地域文化的赛事,并逐渐扎根于中国,成为中国民众喜闻乐见、共同参与的群众体育赛事。

以"marathon"为关键词进行搜索,发现新华体育推特中国体育故事推文中有马拉松话语主题的推文共141篇,其中包含了对马拉松举办城市的宣传、对国人积极参与马拉松赛事的宣传及对马拉松人物的宣传等。通过图11可以看出,在2018年4月15日,中国全域共有30多场马拉松比赛同时开赛,整个中国都在奔跑。通过图12可以看出,2017年5月3日,新华体育推特以"文字+图片+链接"的方式讲述了中国马拉松传奇人物陈盆滨的马拉松故事。新华体育推特在讲好中国体育故事的话语建构过程中,通过议程设置大众马拉松主题

---

[1]中国田径协会.中国田径协会发布《2019中国马拉松大数据分析报告》[EB/OL].[2020-05-01]. http://www.athletics.org.cn/news/marathon/2020/0501/346438.html.

的新闻话语，推动了全民健身群众体育的大众化发展，贯彻落实了建设体育强国的目标，向海内外受众展示了健康中国、全民健身的国家形象。

图 11　新华体育推特发布的中国各地正在举办 30 多场马拉松比赛推文

图 12　新华体育推特发布的关于中国马拉松传奇人物陈盆滨推文

（2）中国体育文化故事主题

新华体育推特讲好中国体育故事新闻话语一级宏观主题 M2 中国体育文化故事下的次一级主题分别是奥运项目故事和非奥运项目故事，主要通过文本高频词汇提炼、文本编码、类目建构得出。在体育发展的历史长河中，体育文化是逐渐发展的，也是最能展现中国体育精神、助推体育强国建设、推动体育高质量发展的内在动力。因此，中国体育文化故事的话语主题作为新华体育推特讲好中国体育故事的主要话语主题，能够有效地让中国体育精神历久弥新，让运动项目文化成为体育文化的鲜明底色，促进中国体育文化"走出去"，同时让中国体育文化故事的国际传播能够积极为体育强国建设和中华民族伟大复兴的中国梦贡献体育文化力量[1]。

①以女排精神为主题的奥运项目故事

女排精神不只体现了女排运动员自强不息、奋勇拼搏、不畏艰辛和永不言败的精神，更反映了体育范围之外的中国人民的坚强意志和不屈信念，激励着中华儿女一步一步克服困难、勇往直前[2]。"铁榔头""五连冠"等这些属于中国女排的词语已经在中国人民的脑海中留下了深刻的印象，是每个中华儿女宝贵的精神支撑，是中国体育文化故事中不可或缺的一部分。通过对新华体育推特中国体育故事推文数据进行搜索发现，有关女排的推文共185条，其中有关郎平的推文26条，有关朱婷的推文66条。

有"铁榔头"之称的中国女子排球队主教练郎平，一直是刚毅、果敢、坚强的形象，无论是作为中国女子排球队的运动员，还是担任中国女子排球队主教练，其在运动员生涯和教练员生涯均取得了伟大的战绩，带领中国女排一次又一次站在世界巅峰。作为中国体坛的风云人物，郎平在国际体坛也有着较高的影响力和美誉度，所以在讲好中国体育故事的过程中，新华体育推特宣传了郎平的卓越成就，并通过纪录片宣传了她的性格、训练方法和理念（图13），向海内外受众展现了中国女排传奇人物郎平"巾帼英雄"的媒介形象，使郎平的形象更加立体透明，使女排精神更加深入人心。

除了女排精神，新华体育推特在讲好中国体育故事的话语建构过程中还塑造了许许多多的中国运动员积极向上的正面形象，如在东京奥运会赛场中一战成名的跳水小将全红婵、带伤参加平昌冬奥会的老将贾宗洋、努力拼搏不惧伤痛的网球运动员彭帅及为理想而奋斗的田径运动员苏炳添等，都体现了中国优

---

[1] 林剑. 体育文化为体育强国建设凝心聚力 [N]. 中国体育报，2022-9-27 (3).
[2] 伏晶.《人民日报》(2008—2015) 中国女运动员媒介形象研究 [D]. 苏州：苏州大学，2016.

秀运动员的体育精神。特别是新时代优秀运动员的杰出代表朱婷（图14），更是在新华体育推特讲好中国体育故事的话语中被反复提及，凸显优秀运动员对于推广体育文化、普及运动项目、宣传体育精神的重要作用。

图13　新华体育推特发布的宣传郎平纪录片《铁榔头》推文

图14　新华体育推特发布的朱婷讲述东京奥运会目标是卫冕推文

②以武术文化为主题的非奥运项目故事

在新华体育推特中国体育文化故事这一级主题中,对于武术文化主题的故事讲述相对较少,但是通过观察可以发现,海内外受众相对偏爱中国武术文化,武术相关内容推文的点赞数和转发数要相对高于其他传统体育故事。经统计,关于武术类推文共计79条,通过分析可以发现,中国武术文化主题是中国传统体育故事话语主题的核心内容,其中有关太极拳、咏春、少林等关键词文化输出的内容较多。从表5可以看出,在新华体育推特讲好中国体育故事的话语主题中,包含武术相关内容的有太极拳、功夫、咏春等。武术作为中国传统体育文化的优秀代表,在中国文化走出去的战略背景下,各类武术代表性拳种以其独特的技击特点和价值意蕴成为讲好中国体育故事的独特话语素材。

表5 新华体育推特武术类话语主题推文数量

武术类话语主题内容	太极拳	功夫	咏春
推文数量(条)	49	27	3

中华文化源远流长,体育文化精神就是其中之一,具有中华民族非常重要的社会文化价值[1]。文化是一个民族发展的动力和源泉,中华文化在历史的长河中沉淀凝聚,凝集了中华民族上下五千年的心血和力量,是中华民族宝贵的精神财富。中国武术文化是中国传统体育文化不可或缺的重要内容,武术文化由传统的武术技艺及深厚的历史文化底蕴共同组成,具有独特的中华民族特色。外国对于中国武术的认知大多是通过影视作品获得的,如李小龙、成龙、甄子丹和李连杰等功夫巨星主演的功夫电影,在一定程度上增加了海外受众对中国武术的了解,同时也使海外受众对中国武术文化充满了好奇。依附于世界文化遗产武当山历史传承的中华传统武术作为中国体育文化故事的必要元素,是新华体育推特重要的推文内容,如图15所示。

---

[1] 黄莉,孙义良. 从中西文化的深层结构审视中国体育文化 [J]. 体育科学, 2008 (2): 3-15.

第四章　主流媒体讲好中国体育故事的话语特征

[图片：Xinhua Sports 推特截图，发布于 Jan 9, 2020，内容为 "Interested in #ChinaKongfu? Here is the revelation of Wudang martial arts, a major sect of Chinese Wushu, inheritated for hundreds of years"，视频画面显示"武当山 世界文化遗产 和武当武术的发源地 world cultural heritage"]

图 15　新华体育推特发布的中国武当武术宣传片推文

在讲好中国体育故事的话语建构中，新华体育推特不仅传播了中国传统武术项目，还将中国武术的文化精神传播了出去，让更多的海外受众了解中国武术及其精神内涵，推动了武术文化在世界各地的广泛传播。

（3）中国体育交流故事主题

新华体育推特讲好中国体育故事新闻话语一级宏观主题 M3 中国体育交流故事的次一级主题分别是元首外交故事和民间体育交流故事，主要通过文本高频词汇提炼、文本编码、类目建构得出。在各种外交场合，习近平主席经常借助体育这一全人类的通用语言，向世界传递中国的友谊和善意，因此国家元首的外交故事是中国体育交流故事的主要话语主题。除了官方的体育交流故事，民间体育的交流也成为喜闻乐见的中国体育交流故事，二者共同支撑着中国体育对外交流的话语建构。

①以习近平体育外交为主题的元首外交故事

从国际传播话语建构的角度来看，以习近平体育外交为主题的元首外交故事的确立具有更加深远的意义。在福柯看来，话语不仅代表了一些简单的象征，而且代表了话语背后的权力和意识形态，涵盖了话语实践，控制和约束着权力。

福柯认为，话语对权力和意识形态具有强化的能力。目前，国际传播力量并不平等，西方国家主流舆论占据了主导的地位，而以习近平体育外交为主题的元首外交故事的建构可以使世界人民看到中国体育的复兴，也体现了中国国家元首对发展体育的重视和体育承载中华民族伟大复兴中国梦的重要使命。

目前，在国际传播格局中，西方主流媒体的话语传播一直占据主要地位，国家之间的博弈不断加剧。体育外交已成为促进国家之间人文交流、塑造良好国家形象的重要渠道。体育是世界性的，体育外交可以使各个国家进行经济和文化的沟通，摆脱政治沟壑。作为一种国际性的通用语言，体育能够促进各个国家之间的交流，增加文化共通性[1]。

北京冬奥会作为非常受关注的大型国际体育赛事，是中国体育外交一大发展契机，也是新华体育推特讲好中国体育故事的一大契机。但由于新冠肺炎疫情的影响，北京冬奥会实行全程闭环管理，不能像过去的奥运会那样为中外交流提供广泛的机会，因此新华体育推特借助北京冬奥会的宣传契机，建构习近平北京冬奥会的体育外交故事，积极宣传中国以人文本的国家理念，是中国向世界传递中国文化和治理理念的重要渠道，也是展示中国体育发展成就、讲好中国体育故事及构建人类命运共同体的关键之路。2019年2月1日，新华体育推特发布了国家主席习近平会见国际奥委会主席雅克·罗格（Jacques Rogge）的"图片+文字"的推文，强调中国将致力于打造一届令人惊叹的冬奥会。2021年1月19日，新华体育推特发布了国家主席习近平视察冬奥会场馆的"图片+文字"的推文，展现出我国办好冬奥会的坚强信心并以此推动中国冰雪运动的发展。除此之外，新华体育推特在讲好中国体育故事的话语建构中，除了加强对北京冬奥会的宣传、讲述国家元首的体育外交故事、讲好北京冬奥会的故事，还向海内外受众进行冬季运动知识的普及及冰雪运动项目的推广，让人们了解冰雪运动并且热爱冰雪运动，让世界各地人民看到中国全民关注、全民参与、全方位交流的体育现状。

②以民族传统体育运动为主题的民间交流故事

在建设体育强国的目标征途上，不仅要重视中国民族传统体育运动的发展，还要推动中国民族传统体育项目朝着更高、更好的方向发展，这也是实现中国

---

[1]夏莉萍.人类命运共同体视域下的体育外交与冬奥会[J].当代世界，2022（2）：15-20.

体育文化繁荣富强的必经之路。加强中国传统体育运动的对外传播，有助于让世界人民更加了解中国，提高中国民族传统体育在国际传播格局中的影响力和传播力。此外，对中国民族传统体育项目进行介绍，对民族传统体育文化进行继承发展，有利于促进中国民族传统体育繁荣发展，提高中华民族的文化自信。中国民族传统体育文化对外发展的过程，也是中华民族优秀文化对外输出的过程，只有加强中国民族传统体育的对外传播，才能更好地塑造中国体育大国形象和体育强国形象，促进世界各国对中华文化的认知，努力实现建设体育强国的目标。中国是个多民族国家，以极具民族特色的各民族传统体育活动为话语主题的民间体育交流故事也是新华体育推特讲好中国体育交流故事的一个新颖的话语主题内容。

新华体育推特在讲好中国体育故事的话语建构过程中，必须加强对中国民族传统体育项目的宣传，设置有关中国民族传统体育运动的故事，助力中国走向世界体育强国的行列，提升国际社会对中国民族传统体育文化的认知程度，使中国民族传统体育文化更好地对外传播，在国际舞台中熠熠生辉，以此提高中国体育在国际社会中的地位，增强中国在国际上的话语权，为实现体育强国建设的目标而奋斗。通过对新华体育推特中国体育故事推文进行检索发现，以中国民族传统体育为话语主题的民间交流体育故事推文共计40条，相对较少。从表6可以看出，围棋、舞龙、舞狮、马球、蹴鞠、象棋和其他少数民族传统体育活动共同构成了民间交流体育故事的独特内容。

表6 新华体育推特传统体育话语主题及数量

传统体育话语主题	围棋	舞龙	舞狮	马球	蹴鞠	象棋	其他少数民族传统体育活动
推文数量（条）	13	7	5	5	2	1	7

中国是个统一的多民族国家，不同民族的文明都具有自己不同的历史特征和文化特征，它们是中华民族历史中的宝贵财富。通过向世界传播中国民族传统体育运动和中国传统体育文化，不但可以体现我国各民族的独特民族文化特色，而且可以在国际社会中充分展示中华民族特殊而优秀的灿烂文明。例如，龙舟、舞龙、舞狮、内蒙古地区的那达慕大会，以及新疆地区、东北地区和云

南地区的民族传统体育运动,这些都为我国民族的体育文明增加了一种独特的色彩。新华体育推特在中国体育故事的话语建构中,不仅从正面向世界人民展现了中国丰富多彩的体育文化,还从侧面向世界人民展现了我国各族人民幸福安乐、甜蜜美好的景象和生活状态。由此可以看出,新华体育推特在讲好中国体育故事的话语建构中不仅展现了我国丰富多元的体育文化资源,也实现了运用"软表达"的话语方式让世界人民认识和接受中国体育的发展全貌。

2. 微观话语表达

微观话语表达是对宏观主题层面上的一种对外扩张,是从微观层面对媒体意识形态和意图的扩展解读。与宏观主题相比,微观话语表达更注重从细节出发发现话语建构的独特性,可以更清晰地看到媒介的话语建构是如何一点一滴传播社会文化的。在微观话语视角下,本部分着重对新华体育推特讲好中国体育故事的微观话语表达进行分析,并通过具体考察中国体育故事推文文本中的句式、词汇、修辞和措辞风格,进而呈现新华体育推特讲好中国体育故事的话语风格。

(1) 句式

根据句式的作用和特点的概括以及新华体育推特推文的实际呈现情况可以发现,新华体育推特讲好中国体育故事的话语表达主要使用了陈述句、祈使感叹句和疑问句。其中,陈述句的主要功能是进行消息和事件的传播,祈使感叹句的主要功能是通过一定的情绪表达请求、命令、禁止或建议,疑问句的主要功能是进行提问。

通过表7可以发现,新华体育推特中国体育故事推文以陈述句为主要表达方式,占据总推文4685条的82.52%,可见较大部分中国体育故事的讲述是进行消息的发布和事项的告知。但随着年度变化,新华体育推特在讲好中国体育故事的话语建构中适当增加了感叹句,以增强句式气势,赋予了中国体育故事推文独特的情感特点,使海内外受众的情感需求可以得到充分满足并产生共鸣,在一定程度上可以吸引受众的眼球,使其关注中国体育故事话语内容,从而关注中国体育的发展。由于陈述句只是单纯陈述事实,所以在情感表达方面一直以中立客观的状态存在,不仅能客观反映中国体育故事的发展,也能顺应新闻媒体需要遵循的客观公正原则。而从另一角度可以发现,在塑造媒体客观、严谨、公正的形象中，陈述句的使用起到了十分积极的作用。

表7 新华体育推特中国体育故事推文句式分析

句式样式	陈述句	祈使感叹句	疑问句
推文数量（条）	3866	755	64

新华体育推特对于祈使感叹句的使用频率要低于陈述句的使用频率，占比16.12%。陈述句更多地被用于体育赛事的描述和体育文化的对外宣传中；而祈使感叹句大多被用在中国运动员夺冠时的话语情境中，向世界人民表达中国运动员为国争光的自豪感。在新华体育推特讲好中国体育故事的话语建构中，祈使感叹句也常常与陈述句同时出现，这样不仅能使句子的结构更加丰富，也能使中国体育故事的话语建构更具层次感，使得一个句子富有更多的意义和更多样的表达形式。例如，推文"What tough fight! World No.1 Ma Long edges Chinese compatriot Fan Zhendong 4-3 to retain men's singles title at #ITTFWorlds2017"（这是一场多么艰难的战斗！世界排名第一的马龙以4-3战胜中国同胞樊振东，保住#ITTFWorlds2017的男单冠军），"What tough fight!"为英文感叹句，陈述句紧随其后，通过感叹句的方式向受众表达该场比赛的难度和运动员获胜的不易。

在疑问句的使用方面，新华体育推特很少有疑问句的表达，疑问句的使用数量仅约占中国体育故事推文总数的1.36%，且大多以疑问句加陈述句的形式进行中国体育故事的话语建构。在疑问句的设置中，通常采用制造悬念的方式来吸引受众探索答案（图16）——"How do people ski on hot summer days? Find out the secret in Beijing's Olympic Park"（人们是如何在炎热的夏天滑雪的？来北京奥林匹克公园找出其中的秘密），在对北京冬奥会的宣传中，新华体育推特采用疑问句加陈述句的方式对其进行话语建构，首先提出"人们是如何在炎热的夏天滑雪"的问题，然后设置陈述句引导海内外受众探索答案，从而实现中国体育文化和科技的对外传播。这不仅有利于提高中国体育的国际地位，也有利于凝聚民族士气、增强受众对中国体育的认同感，达到讲好中国体育故事的目的。

图 16　新华体育推特发布的宣传北京冬奥会推文

（2）词汇

为了对新华体育推特讲好中国体育故事的推文词汇进行整体性分析，本书首先使用 TextBlob 对所有样本进行分词，删除虚词等无实意的词汇，并对同义单词及词汇变形进行分类和合并，最终确定有意义的词汇共 10342 个，按照名词、动词和形容词进行高频词汇排序，具体见附录 1。本书首先选取中国体育故事推文中词频前 20 名（Top20）的词语进行分析。

从表 8 和图 17 的中国体育故事推文样本的词频数据可知，新华体育推特讲好中国体育故事的话语主体内容是大型体育赛事期间中国队及中国选手的表现，特别关注冬夏奥运会的竞技成绩（China、Chinese、Olympic）。同时，新华体育推特在讲好中国体育故事的话语建构中非常注重对中国队和中国运动员（team、player）进行形象宣传及塑造。另外，根据"win、gold、final、first、champion"等词汇可以发现，中国队的体育比赛最终成绩是新华体育推特关注的重要内容，特别表现为对中国运动员获得金牌和奖牌的关注。此外，相比中国男性运动员，新华体育推特更注重对中国女性运动员体育故事的讲述，一方面是因为女性运动员的一些优势项目更容易引起注意，另一方面是女性运动员身上体现的巾帼精神和体育精神更容易让人关注。此外，随着我国举办北京2022年冬奥会的重大体育事件，冬季运动（winter、sports）等话题推送的次数也比较多。

表8 新华体育推特中国体育故事推文高频词汇Top20

序号	频率（次）	词语
1	2891	China
2	2213	Chinese
3	1154	Olympic
4	848	team
5	763	win
6	743	game
7	740	women
8	658	World Cup
9	469	gold
10	456	first
11	427	sports
12	406	men
13	396	national
14	357	winter
15	353	champion
16	349	championship
17	342	final
18	340	league
19	334	Asian Games 2018
20	294	player

图 17　新华体育推特中国体育故事推文词云图

通过图 18 可以看出，新华体育推特中国体育故事推文所出现的词汇中，按照词性进行分类划分，名词是出现最频繁的词汇，约占总词汇量的 43.73%；动词的使用频率仅次于名词，约占词汇总数的 22.47%。另外，由于体育比赛往往通过数据进行呈现，因此，数词也是出现相对较多的词汇（15.13%）。

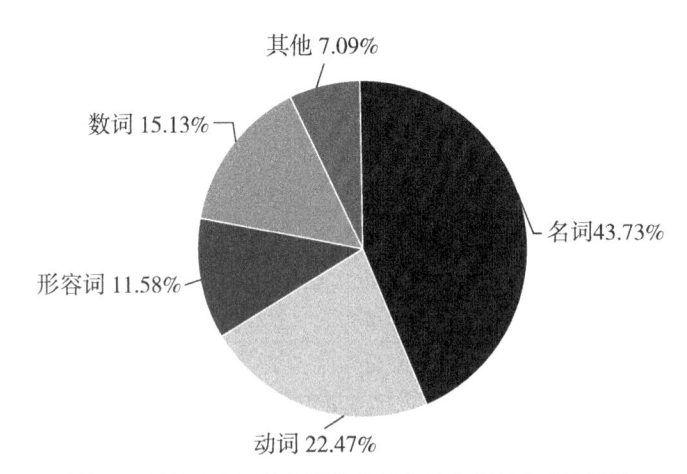

图 18　新华体育推特中国体育故事推文词汇分类统计图

以下是对新华体育推特中国体育故事推文词汇的详细分析。

① 名词

在新华体育推特中国体育故事的推文中，陈述句是最常用的句式，陈述句的使用主要是对中国体育故事中的人或事物进行客观真实的描述，也就是"什么人或什么事物"的传递是由名词进行的。在新华体育推特中国体育故事推文中，名词所占比例最大，一方面说明名词是中国体育故事中最重要的部分，另一方面也证明了在讲好中国体育故事的对外传播中，受众最关注的是参与比赛的人物和事件。从爬取的数据中可以发现，名词的使用主要是专属名词：人名，如 Ma Long（马龙）、Lang Ping（郎平）等；体育项目名称，如 basketball（篮球）、volleyball（排球）、table tennis（乒乓球）等；体育组织名称，如 FIFA（国际足联）、FIBA（国际篮联）、FINA（国际泳联）等；比赛名称，如 World Cup（世界杯）、Asian Games 2018（2018年亚运会）、Pyeongchang 2018（平昌 2018 年冬奥会）、Tokyo 2020（东京 2020 年奥运会）、Beijing 2022（北京 2022 年冬奥会）等；地名，如 Shanghai（上海）、Wuhan（武汉）、Tianjin（天津）等。

② 动词

在新华体育推特中国体育故事推文中，动词的使用频率也占了相对较大的比例。从抓取的数据中可以发现，动词主要包括如下类型：中国运动员作为主语的动词，如 train（训练）、win（赢得）、beat（击败）、fight（对抗）、crowned（卫冕）等；体育比赛作为主语的动词，如 disuse（淘汰）、lose（失利）、score（得分）等。另外，频繁使用 run（跑）、jump（跳）、swim（游）等动词来描述中国运动员的比赛行为也表明新华体育推特中国体育故事的话语内容主要关注比赛本身和运动员的表现。

③ 形容词

形容词在讲好中国体育故事的话语建构中主要是对体育故事中的人、事件或者体育比赛本身进行修饰和形容。由于人们的思想和行为不同，因此在语言表达上，形容词往往承担着语言表达中细致差别的主要功能。形容词在新华体育推特中国体育故事推文中所占比例较大，主要是用于描述体育赛事或者运动员比赛获胜的不易，如 individual（个人的）、freestyle（自由式，常用于花样滑冰、自由泳等）、hard（艰难的）等；还有对运动员的形容，如 best（最好的）、successful（成功的）、perfect（完美的）、great（优秀的）、legendary（传奇的）等。从以上形容词的使用可以看出，新华体育推特在讲好中国体育故事的话语建构中，通常通过形容运动员的表现来突出中国运动员不屈不挠的体育精神，从侧面塑造积极勇敢、不畏艰难的中国运动员形象。

④数词

数字的使用可以增强新闻话语的真实性、客观性和权威性。Twitter字数要求在140个字符以内，包括空格、标点和字母，与现代标准汉语中一个汉字算一个字符相比的话，在140个英文单词范围内表达核心思想更加困难。因此，新华体育推特在讲好中国体育故事的话语建构中，语言大多比较简洁明了，使用了更多的数词和缩略词来简要描述体育比赛的基本情况和比赛结果。例如，"1：44.39！#China's Sun Yang pockets his second title at FINA World Championships in Budapest, coming from behind to win men's 200m freestyle"（1分44秒39！#中国选手孙杨在落后的情况下赢得了布达佩斯世界锦标赛男子200米自由泳的冠军，这也是他获得的国际泳联世锦赛的第二个冠军）；"The breathtaking final set. China saves 6 match points to beat the Netherlands 3-2 at @ FIVBVolleyball Grand Prix. Zhu Ting tallied 33 points"（一场精彩的决赛。在FIVB排球大奖赛上，中国队挽救了6个赛点，以3-2击败了荷兰队。朱婷获得了33分）。数词在中国体育故事话语传播中起着重要作用，它除了可以说明体育本身是受众关注的主要焦点，还可以帮助受众更加直观地了解体育比赛的情况；同时，也展示了在大数据时代，受众对于体育比赛数据的关注，凸显了新华体育推特讲好中国体育故事的话语准确性和真实性。

（3）修辞

①巧用隐喻和转喻，增强感染力

新闻修辞手法可以提高新闻话语的趣味性，吸引受众并引导受众更好地接受新闻内容。新闻话语不仅要保证公正性和客观性，还要充满文采性、趣味性和可读性，这就使得新闻话语的修辞需要更加谨慎、严格且具有张力。同时，对外传播话语要尊重不同受众所在国家的社会文化差异，修辞手段的选择应该与其背景保持相对一致性。新闻修辞的目的是达到一定的话语传播动机，使话语交际效果更加理想。在新华体育推特讲好中国体育故事的话语建构中，新闻修辞是使用较多的话语表达方式之一。

在文字修辞上，新华体育推特主要通过隐喻的方式来突出中国体育故事的话语特征，强化话语情感。隐喻的修辞手法可以让两种不同和不存在任何关系的事物产生一种新的特殊的联系，让人们在阅读文字或者图片时产生一定的情感共鸣，提升文本或者图片本身的感染力和影响力[1]。例如下则推文中，"Too tired! China's Sun Yang fails to defend 800m freestyle title at #FINABudapest2017 and finishes fifth in 7：48.87"（太累了！孙杨以7分48秒87的成绩在#FINABudapest2017获得第5名，没有获得冠军），新华体育推特以"too tired"（太累了）来描述中国运动员孙杨完成比赛的艰辛与不易，从侧面展现了在面对运动员失利时新华体育推特的理解和包容。

在图片修辞上，新华体育推特主要使用视觉转喻和背景衬托的方式。转喻的修辞手法可以使图片内容更加立体地呈现在受众面前，新华体育推特通过对图片内容的概括和总结，使受众通过图片进行联想，将图片内容传达出更深层次的含义。新华体育推特讲好中国体育故事推文中发布的图片使用了视觉转喻的方式，如2021年8月5日的推文，通过强化中国14岁小将全红婵这一叙事主体的形象和其年轻充满活力的特征来表达新华体育推特塑造优秀年轻运动员体育故事的话语主旨。在图片选择方面，不仅有全景式颁奖仪式的场景还原，还有以特写形式放大全红婵比赛动作和赛后教练员将其举起的庆祝动作，以局部代替整体的形式来还原画面。应用全红婵那稚气可爱的笑容和专业完美的跳水动作的图片结合，清晰立体地展现中国优秀年轻运动员的竞技体育形象。

在特写表达上，新华体育推特注重中国运动员的媒介形象塑造，如图19所示，新华体育推特将"运动员的行动特写"和"中国体育故事"等同起来完成视觉转喻。该照片的主体是马龙身穿中国龙的红色比赛服的击球特写和奥林匹克五环的球网特写与另外两张中国其他男子乒乓球运动员的比赛状态，构成的组图体现了中国男子乒乓球队誓夺奥运会冠军的气势，凸显了中国运动员在比赛中的艰辛和夺冠后的喜悦，也反映了中国运动员不畏艰苦、勇往直前、为国争光的精神。

---

[1] 赵艳芳. 认知语言学概论 [M]. 上海：上海外语教育出版社，2001：87.

> Xinhua Sports @XHSports · Aug 4, 2021
> China state-affiliated media
> Chinese men's #tabletennis team marched into #Olympic final for fourth straight time as they crushed the team of South Korea 3-0 in the semis #Tokyo2020 xhtxs.cn/iwZ

图 19　新华体育推特发布的中国男子乒乓球队在半决赛以 3∶0 战胜韩国队挺进东京奥运会男子乒乓球团体决赛推文

②善用标签，主题明确

Twitter 的用户可以为不同主题的推文打上不同的标签"#"，如#Beijing2022。一方面，它强调了推文主题；另一方面，它方便了海内外受众对相同话题的搜索，受众可以使用相关的关键词进行搜索，这在一定程度上提高了中国体育故事在国际传播中的曝光率。在爬取的 4685 条新华体育推特讲好中国体育故事推文中，有 1226 条推文使用了标签，约占推文总数的 26.17%。由此可见，新华体育推特在讲好中国体育故事话语建构过程中，标签的使用频率相对较高，并且标签的种类十分多样化，一般使用比赛名称、体育人物、地名、体育项目名称或是机构作为标签话题。

如图 20 所示，2021 年 8 月 3 日，新华体育推特发布的郎平即将卸任中国女排教练员的体育故事推文中，使用了比赛名称（#Tokyo2020）、体育人物（#LangPing）和体育项目名称（#volleyball）3 个标签来表达中国体育人物故事的主题以及对功勋教练员的敬意。如此的标签添加方式可以最大限度地定位到对相关话题感兴趣的目标受众，即吸引全世界关注东京冬奥会、郎平教练员和排球运动的目标受众的注意，从而达到扩大中国体育故事宣传的目的。由于

Twitter 的运行机制会根据用户位置对本地和全球的热搜进行推送，因此，多标签的话语呈现方式可以最大限度地提高推文的阅读量和点击率。

图 20　新华体育推特发布的郎平即将卸任中国女排教练员推文

③适时引用，增强话语人情味

在新闻话语的表达过程中，引语的使用是非常重要的修辞方法，引语的使用可以影响新闻话语的真实性并且帮助受众加强认知和理解。在我国，新闻话语中引用的引语主要包括古诗文和民间谚语俗语、权威专家或知名人士的话语、科学数据和权威机构报告，以及其他权威主流媒体话语。英语是国际社会中的通用语言，因此，新华体育推特在对外传播的过程中使用的语言为英语，但由于中华文化博大精深，古诗词的语言难以通过英文进行全面的表述，甚至有可能存在因翻译不当而产生误读的情况，所以，新华体育推特在讲好中国体育故事的话语建构中，很少引用中国的古诗词进行对外传播，而是较多地采用了西方英文谚语进行描述，这就使其在话语传播的过程中避免了英文翻译带来的误读，如图 21 所示，"Rome wasn't built in a day. Radiograph shows 22 intramedullary rods buried in Jia Zongyang's legs. The 27-year-old just claimed China's fifth silver at the 2018 PyeongChang Winter Olympics in the freestyle skiing men's aerials"（罗马不是一日建成的。虽然放射照片显示现在贾宗洋的腿上埋有 22 根钢钉，但是这位 27 岁的中国运动员刚刚在平昌 2018 年冬奥会自由式滑雪男子空中技巧比赛中为中国队赢得了第 5 枚银牌）。新华体育推特引用谚语"Rome wasn't built in a day"（罗马不是一日建成的），反映了贾宗洋带伤参加平昌冬奥会获得银牌的艰辛与困难，同时，也向海内外受众展现了中国运动员不畏艰辛、努力拼搏的中国体育精神，有效地增强了中国体育故事话语中的人情味。

图 21　新华体育推特发布的贾宗洋带伤参加平昌冬奥会并获得银牌推文

（4）措辞风格

措辞风格是话语分析研究中的重要问题，能够体现新闻媒体或者个人的话语特征。新华体育推特讲好中国体育故事的措辞风格会受到话语生产语境、受众、媒介定位和话语主题的影响。作为中国新型主流媒体，新华体育推特在海外社交平台的话语文本代表了国家形象，其措辞风格也符合主流媒体的定位，能够起到舆论导向的作用。

①政治话语风格：严肃认真

新华体育推特讲好中国体育故事的一部分推文间接引用和描述了中国国家领导人的言语和行为，新华体育推特在这类新闻话语中是从国家的角度进行对外传播，达到传播好中国声音的目的。而这种话语模式新华体育推特一般使用在北京2022年冬奥会筹备和宣传工作中，在这方面，新华体育推特承载着中国政府对外宣传的一部分职能，其讲述的中国体育故事话语属于政治话语的一部分。无论是实时体育新闻，还是体育外交类新闻，都关系到中国体育繁荣发展的程度，因此在这类推文中，新华体育推特的措辞风格非常严肃和认真。

以代表性推文为例：2021年1月23日，新华体育推特发文"President Xi Jinping inspected #Olympic preparations in Beijing and Zhangjiakou this week. Join us as we take a look at some highlights of his remarks during the inspection"（国家主席习近平本周在北京和张家口视察了奥运筹备工作，和我们一起看看他在视察期间的一些讲话要点）；2021年12月15日，新华体育推特发文"President Xi Jinping has championed China's efforts in winning the bid to host the 2022 Winter #Olympics. Xi, a keen sports fan, is also encouraging Chinese people to be involved in winter sports"（国家主席习近平为中国赢得2022年冬奥会申办权所做的努力提供了支持。习近平主席是一个热衷于体育运动的人，他还鼓励中国人民参与冬季运动）。这两条推文中，分别对国家主席习近平视察北京冬奥会筹备工作及所发表的讲话，以及鼓励中国人民参与冬季运动进行了报道。从新华体育推特讲好中国体育故事的话语建构中可以发现，新华体育推特立足于国家视角，在此类话语表达中体现了一定的权威性和政治性，展现了中国对于北京冬奥会的国家支持，也展现了中国体育的繁荣发展。

②媒介话语风格：客观公正

通过对新华体育推特中国体育故事推文情感分析研究发现，新华体育推特在讲好中国体育故事的过程中一直坚持着客观公正的态度。在对一些中国运动员负面新闻的报道中，新华体育推特讲好中国体育故事的话语建构并没有存在主观情感倾向。新华体育推特作为中国主流媒体，始终遵循新闻职业道德和新闻媒体的基本原则，从客观公正的角度对此类体育新闻事件进行描述和报道，同时，新华体育推特的报道话语也十分简洁，体现出新媒体平台的话语表达特点。

以图 22 和图 23 推文为例:"CAS hands Sun Yang eight-year ban"(CAS 判孙杨禁赛八年);"Switzerland's highest court upheld Sun Yang's appeal and set aside previous ruling by Court of Arbitration for Sport (CAS) to ban the Chinese swimmer for eight years"(瑞士最高法院支持孙杨的上诉,并撤销了体育仲裁法庭之前对其禁赛八年的裁决)。从上述两段推文可以看出,在报道中国运动员被禁赛新闻时,新华体育推特始终保持客观公正的态度,只是单纯地报道有关中国运动员的体育新闻,并未采用过多的形容词。

图 22 新华体育推特发布的关于孙杨禁赛推文

图 23 新华体育推特发布的关于撤销孙杨禁赛推文

新华体育推特在讲好中国体育故事的过程中始终秉承客观公正的态度，同时，也直面中国体育的问题和反思。通过研究可以看到，新华体育推特通过添加网页链接的方式发布此类推文，如 "Hiccups to be expected as marathon running gains popularity in China"（中国马拉松热潮下的阵痛）；"Commentary: Fixating on Peng Shuai case obscures sobering look ahead at future of Chinese tennis"（评论：对彭帅事件的关注掩盖了对中国网球未来的清醒展望）。这不仅体现了一个体育大国应有的态度，也反映了新华体育推特在讲好中国体育故事的过程中，除了讲好中国运动员获得的成绩，还公开、包容地谈问题，对中国现存的体育问题进行思考，向世界人民展现了中国直面问题、毫不退缩的勇气，也在一定程度上达到了讲好中国体育故事的良好话语传播效果。中国主流媒体在讲好中国体育故事的过程中只有从客观实际出发，并直面中国体育所面临的问题，才能使中国体育在国际传播中的影响力迈进一步，使其在国际社会中立于不败之地。

③大众话语风格：贴近日常生活

为了拉近与海外受众的距离，实现宣传中国群众体育的目的，新华体育推特在讲好中国体育故事话语建构中还运用了大众的日常话语。在大众话语中，新华体育推特会使用简短的推文进行总结和概括，并且附加网页链接。

以图24和图25推文为例："Graduates of the School of Architecture in Tianjin University bid farewell to their college life and teachers in a special way - a football match"（天津大学建筑学院毕业生以一种特别的方式告别大学生活和老师——一场足球赛）；"18-year-old Tibetan girl Pubu Droma wins recognition as the only female player in a men's soccer team of Nankai University before she builds up a girls' team herself"（在自己组建女足队之前，18岁的藏族女孩普布卓玛是南开大学男子足球队唯一的女队员）。从上述两段推文可以看出，天津大学建筑学院毕业生和老师，以及藏族女孩普布卓玛都属于普通群众，新华体育推特在讲好中国体育故事时通过对普通群众的个人体育生活进行讲述，从侧面向海内外受众展示中国学校体育和群众体育良好的发展态势，向世界人民介绍中国群众体育的发展，增强了海内外受众对中国群众体育生活的了解，也从微观的角度描述了国家体育形象。

图 24　新华体育推特发布的毕业生与老师进行足球比赛推文

图 25　新华体育推特发布的藏族少女作为男子足球队唯一女队员推文

此外,在新媒体海外社交平台的背景下,中国主流媒体海外社交平台开始转变以往官方而又严肃的话语表达方式,更多采用了既有趣又活泼的话语表达方式。新华体育推特在中国体育故事推文中经常使用多种模态话语,即标点、图片和视频,试图与海内外受众拉近距离,增加话语的亲切感和趣味性。例如,图 26 中的推文"Burn！Burn！Burn！"（燃烧吧！燃烧吧！燃烧吧！）中三个感叹号的连续使用，表明了新华体育推特对这项体育赛事的强烈盼望，加强了话语情感的表达。

图 26　新华体育推特发布的在中国西部新疆的极端条件下举行的环塔拉力赛推文

（二）语境视角：立足时代语境建构中国体育故事

梵·迪克认为，除了需要对话语文本层面进行分析，还需要对传播所处的社会环境、新闻话语的生产语境和受众接收的情境以及接收过程进行分析，也就是从语境视角对新闻话语进行分析[1]。因此，影响话语建构的主要因素是语境。

福柯认为，话语除了是对现实世界的一种影响因素，还包含着整个社会的文化模式和意识形态[2]。主流媒体海外社交平台的新闻话语与国际国内政治环境有着密切关系，发布的推文既是对原始信息进行解码、编码再构建文章图式、超结构的过程，也是文本生成的语境，同时，文本还会对受众产生一定的影响和意义。基于此，本书通过研究发现，新华体育推特作为主流媒体面临着以下

---

[1] 托伊恩·A. 梵·迪克. 作为话语的新闻 [M]. 曾庆香，译. 北京：华夏出版社，2003：60.
[2] 米歇尔·福柯. 话语的秩序 [M]//谢立中. 西方社会学经典读本. 北京：北京大学出版社，2008：787–810.

语境：国内外政治环境的背景语境、新华体育推特媒介定位和运营特点的话语生产语境，以及海外受众的习惯和喜好等因素所构成的话语接收语境。

1. 背景语境：国内外政治环境

"讲好中国故事，传播好中国声音"源于习近平总书记对增强国际话语权和提升文化自信的总要求[1]。中国体育故事是中国故事的重要组成部分。体育是具有全球性、共通性、包容性的世界语言，体育故事所包含的不论是体育竞赛还是群众体育活动，均是会引起共鸣的故事素材。特别是在本书的研究时间跨度内，中国参加了东京2020年奥运会，并作为东道主正在筹备北京2022年冬奥会，上述内容成为新华体育推特讲好中国体育故事的主要话语主题内容。

新华体育推特讲好中国体育故事的话语背景语境以历史维度进行考察，从无新冠肺炎疫情过渡到全球新冠肺炎疫情暴发至蔓延，再到全球新冠肺炎疫情常态化。在本书的研究时间跨度内，从2020年开始，全球新冠肺炎疫情影响了体育竞赛的举办，特别是东京2020年奥运会延期至2021年举办，国际化浪潮遭遇疏离和阻遏，新技术革命加剧了现代文明的不稳定性，新华体育推特讲好中国体育故事就是在这种多重复杂历史语境下进行话语生产的。以国际环境进行考察，全球处于百年未有之大变局之下，世界文化观念冲突日益突出，国际传播生态发生深刻变革，世界舆论格局亦产生改变，大型体育赛事的体育故事是世界各国展示竞技水平和综合国力、争相抢夺国际体育话语权的重要场域。以国内环境进行考察，我国正处在实现"两个一百年"奋斗目标的历史交汇期，是世界百年未有之大变局与中华民族伟大复兴布局两大合力交互激荡的重要时期，我国需要持续深入加强国际传播力建设，提升国际话语权，为推动构建人类命运共同体贡献力量[2]。基于历史、国际国内环境，新华体育推特需要借助海外社交平台讲好中国体育故事，提升国家形象，增强我国体育跨文化传播的国际主导力，提升我国体育事业国际传播的议程设置能力，提高我国体育文化的国际影响力。特别在全球新冠肺炎疫情常态化的背景下，在多元的话语背景下，如何通过讲好中国体育故事来有效展现中国体育的国际形象，需要主

---

[1] 习近平. 在中国共产党第十九次全国代表大会上的报告[N]. 人民日报, 2017-10-28 (12).
[2] 王润斌, 肖丽斌. 2022北京冬奥会举办的历史选择、成功基石与风险应对[J]. 天津体育学院学报, 2022, 37 (1): 1-8.

流媒体在讲好中国体育故事的过程中进行话语建构凸显意义。

另外，2019年8月10日，国务院办公厅印发并实施的《体育强国建设纲要》明确提出了到2020年、2035年和2050年中国体育发展的战略目标。体育强国建设的战略目标对新华体育推特讲好中国体育故事提出了新要求，我国主流媒体的海外社交平台是宣传中国体育精神、展现中国体育发展、介绍中国体育文化的一个重要窗口，这不仅是提升中华文化和中国软实力的需要，更是加深中国体育国际传播能力的需要。当下，在建设体育强国的征程上，中国在加强体育对外传播能力的过程中，必须要考察国际政治局势和传播环境，要以实现我国政策目标为宗旨，结合我国媒体传播实际和体育发展的水平，努力构建与其相匹配的中国体育故事对外传播话语体系，如此对于新华体育推特讲好中国体育故事的话语建构具有重大意义，也对塑造中国国家形象、提升中华文化软实力具有积极作用。

目前在国际社会中，大部分海外受众对中国的认知存在偏差和误读，"中国威胁论"的说法也经常被西方某些国家炒作。因此，新华体育推特讲好中国体育故事要充分利用好海外社交平台的平台优势，积极进行话语主题设置、微观话语表达，向世界展示中国是负责任的大国形象，传递中国和平发展的外交理念，展现中国对外友好交往的态度，传播中国优秀的思想文化，提高世界人民对中国的认知，展示中国和平友好的国家形象。

2. 话语生产语境：新华体育推特媒介定位和运营特点

话语传播的内容总是要基于特定的意图和出发点进行筛选，从而使话语生产的信息是话语接收者需要的信息。以新华体育推特为新闻话语发布主体，基于其自身的新闻媒介定位，对原始信息进行解码、编码再构建文章图式及超结构的过程，就是话语文本生成的语境。

从新华体育推特的媒介定位来看，它属于中国国家通讯社新华社下设的推特官方体育媒体账号，以海内外Twitter用户为主要受众，进行中国体育新闻报道、宣传中国体育精神、宣传国家形象的中国体育故事话语传播，承担着增强体育话语权的重要功能。"新华体育"在Twitter上的认证为"China state-affiliated media"（中国国家官方媒体），账号简介为"We know sports."（我们了解体育。），这就意味着新华体育将推特账号的内容定位在体育领域，使其在选择新闻内容和信息时更倾向于体育赛事。所以，新华体育推特要讲好中国体育故事就需要紧紧围绕体育的特征来进行话语建构。首先根据"China state-affiliated media"的设置可以发现，新华体育推特在国际传播中代表了国家，同时也服务于国家、社会和人民。虽然新华体育推特的话语建构集中在体育领域，但新华体育推特所有的话语建构都要基于国家的方针政策，措辞风格、词汇运用以及中国体育故事的话语内容都需要以官方的态度来进行表达和传播。关于"We know sports"的设立，基于体育领域本身和新媒体的特点来讲，新华体育推特在讲好中国体育故事的话语建构中，除了使用官方体育话语，还经常采用一些生动活泼的话语进行表达。同时，新华体育拥有一支优秀专业有素质的运营团队，兼备新闻采集和编辑以及计算机互联网技术等各个领域的专业人才，他们肩负着讲好中国体育故事的重要责任。并且，中国体育故事的内容选择和价值判断会影响到海外受众对于中国体育发展的认知和中国体育形象的塑造，所以，新华体育推特制作团队需要发挥信息过滤和筛选的作用，做好"把关人"，从而达到中国体育故事传播的权威性和专业性。

Twitter 平台属性要求用户用简短的文字进行信息的传递，这就说明，有时新华体育推特要用 140 字以内简单明了的话语对一部分重要内容进行传递。140 字以内的推文虽然限制了信息表意的发挥，但是在碎片化的时间里更容易被受众接受和阅读，如此可以使中国体育故事在国际大舞台上更具竞争力。此外，随着互联网时代的不断更新和完善，Twitter 平台的各种表情符号、话题标签和网页链接等都可以作为讲好中国体育故事的辅助功能，从而提高中国体育故事的话语传播效果。例如，新华体育推特在讲好中国体育故事的话语建构过程中，会使用中国运动员的表情包，来提高中国体育故事的趣味性，这缩短了与海外受众之间的距离。并且，新华体育推特将篇幅较长的文字加入网页链接中，并通过推文进行描述，能吸引受众的关注和点击。视频的使用能够将所发生和想传播的中国体育故事更真实、直观地呈现在受众面前。不同的传递方式形成了多样化的措辞风格和语言技巧，同时也丰富了新华体育推特讲好中国体育故事的话语建构模式。

新华体育推特对于中国体育故事的内容选择方面，既要有利于引导正确的舆论，又要有利于提升国际社会对中国的认知。此外，Twitter 的点赞、转发以及评论功能给了受众对于话语内容再次选择的权利，这也会在一定程度上提高中国体育故事话语传播的效果,因此,新华体育推特讲好中国体育故事的话语建构除了会受到自身媒介定位的影响,还会受到Twitter本身运营特点的影响。

3. 话语接收语境:海外受众的习惯和喜好影响

除了需要进行新闻话语的生产,还需要聚焦受众的理解,使新闻话语达到最大的传播效果,并且对受众产生一定的意义。从认知心理学的角度来看,受众总是更能理解在自己认知模式下的观念和事物,特别是Twitter平台的受众是不同国家、不同组织的人群,需要进行新闻内容的筛选并营造良好的话语接收语境,并对话语接收过程中因文化、理解偏差、信息不对等带来的误读进行解答。

当前,新华体育推特讲好中国体育故事的话语建构还受到了海外受众群体习惯和喜好的影响。作为海外社交平台,新华体育推特的受众主要是以英语为通用语言的全球受众,因此,新华体育推特在讲好中国体育故事时必须采用英文语法,海外受众的习惯和喜好在一定程度上影响着中国体育故事的传播。

在如今快节奏的社会环境中,时间也变得碎片化,这就致使大众更倾向于简洁易懂的文字,因此,新华体育推特在进行中国体育故事的话语建构时,要对主要内容和次要内容进行选择和思量,用简短的话语呈现新闻的六要素。与此同时,单一的纯文本内容不足以吸引海外受众的注意,还要对讲好中国体育故事的话语建构进行全方位考量,新华体育推特在话语表现形式上也要进行发展和创新,例如,在原始的中国体育故事推文中添加图片、视频和链接的方式提高中国体育故事传播的创新性,从而使中国体育故事达到最佳的传播效果,使海外受众更直观地了解中国。此外,新华体育推特在讲好中国体育故事的话语建构过程中,要尊重和理解海外受众的喜好和偏向,通过研究发现,中国体育故事中有关于民族传统体育文化和体育明星效应的内容等可以更好地满足海外受众的喜好,扩大中国体育故事的影响力,缩短其与海外受众之间的距离。近年来,新华体育推特虽然受到海外受众习惯和喜好偏向的影响,但国家政策方针仍是首先需要考虑的第一要素,所以,新华体育推特在讲好中国体育故事的过程中,除了要充分考虑受众的感受,还要在原有的基础上探索一种新的运营模式。

主流媒体讲好中国体育故事话语建构效果 / 第五章 CHAPTER 05

新闻话语建构的效果有助于构建受众知识体系，有助于建构人与人之间的社会关系和加强对新闻话语生产主体的认知。因此说，良好的新闻话语建构效果会加强受众对相关知识的理解，并将其应用于社会实践，增强对话语主体的认知。数据是在新媒体时代衡量媒体平台特别是社交媒体平台话语建构效果的最直观且重要的途径，可以通过对新闻的点赞表达对话语内容和表现方式的认可，提升对话语主体的认可；可以通过转发新闻应用于新的社会关系的交际，将相关话语扩展至新的社会范围；可以通过评论新闻进行更深层次的互动交流，加强话语传播。本章通过对新华体育推特讲好中国体育故事推文的点赞数、转发数和评论数及评论者对推文的评论内容进行分析，进而提炼出新华体育推特讲好中国体育故事的话语建构效果。

一、通过点赞获得关注认可：建构中国体育人物故事，话语形式多元化

2017年1月至2021年8月，新华体育推特发布中国体育故事推文4685条，共获点赞数180352个，平均每条点赞数约为38.49个。从表9中的数据可以看出，新华体育推特中国体育故事推文的点赞数量非常不均衡，跨度很大，约71.03%的推文点赞数不超过50个，大部分的推文点赞数集中在0~100个，只有6条推文的点赞数超过1000个，其中最高点赞数为7793个。社交媒体平台有流量池，优秀的体育故事内容会吸引更多的受众并通过点赞这种行为获得认可，流量池的级别是由用户的反馈所决定的，通常1000个赞以上的内容会被推

送到更高层级的流量池中，从而吸引更多的用户。

表9　新华体育推特中国体育故事推文点赞数

点赞数（个）	推文数量（条）
0	34
0~50	3294
50~100	975
100~150	278
150~200	62
200~250	13
250~300	9
300~350	6
350~400	5
400~450	2
450~750	0
750~1000	1
1000以上	6

由于点赞数越多代表该新闻更受海外受众青睐，因此，本书将对新华体育推特中国体育故事推文点赞数超过1000个的6条推文进行分析（点赞数由低到高排列），进而总结归纳出哪类话语主题的中国体育故事更能吸引受众的关注。

[推文1] Commentary：Fixating on Peng Shuai case obscures sobering look ahead at future of Chinese tennis（评论：对彭帅事件的关注掩盖了对中国网球未来的清醒展望）。

[推文2] LIVE：China's top amateur table tennis players take on national team members in "grassroots VS elite" games（现场直播：中国最顶尖的业余乒乓球选手在"草根VS精英"比赛中与国家队队员较量）。

[推文3] Watch' Documentary：2020+1：Through the Pandemic to the Olympics'-http：//xhtxs.cn/iS9 Xinhua reporters have been following and shooting seven Chinese Olympians for one and a half years, keeping track of how they lived, thought, dreamed about, and trained for the Olympics（观看"纪录片：2020+1，通过大流行到奥运会"——记者在一年半的时间里跟踪和拍摄了7名中国奥运选手，记录他们为奥运会而生活、思考、梦想和训练）。

[推文4] #China women's #football star Wang Shuang to rejoin team after Wuhan lockdown lifted（武汉封城解除后，中国女足明星王霜重返队伍）。

[推文5] See how a primary school in Simen, south China, trains its students in table tennis. It might give you an idea why China has dominated the sport for so long（看看中国南方泗门的一所小学是如何训练学生打乒乓球的。这也许能让你明白为什么中国能称霸这项运动这么久）。

[推文6] China's current and former Olympic and world champions show Xinhua how to stay fit as stay-at-home workouts take off across the country（居家锻炼正在全国兴起，中国的现任和前任奥运会和世界冠军向新华社展示了如何保持健康）。

（一）新闻话语主题内容主要集中于中国运动员体育故事

在点赞数超过1000个的6条推文中，有关中国运动员的推文共4条，有关群众体育生活的推文共2条。从新闻话语主题内容来看，最受欢迎的是中国运动员体育故事的推文，证明运动员赛场内外的动态信息是非常值得海内外受众关注的。

从数量上看，新华体育推特中国体育故事内容中占大比重的是对中国运动员日常情况的描述，比如，"奥运冠军展示居家时如何保持健康""武汉封城解除后，中国女足球员王霜重返队伍"等，这些受欢迎的中国体育故事内容都有一个共同特点——在报道中加入了人文元素，能唤起受众的情感共鸣。特别是从新冠肺炎疫情的暴发至进入常态化，武汉籍的女足运动员王霜的归队训练和奥运冠军们的居家锻炼话语主题所构建的中国运动员的体育故事，更能让受众感同身受，引起共鸣。

另外，通过研究这些推文还可以发现，海内外受众对中国体育文化和普通中国人民的日常体育生活非常感兴趣。一直以来，中国特别是中国文化在国际上的形象就有神秘的标签，一方面因为历史缘故，另一方面也因为中国文化源远流长，不易被了解。根据使用与满足理论，新华体育推特对于中国优势体育项目（乒乓球）、中国传统体育项目（武术）和普通中国人民真实体育生活的描述满足了海内外受众的强烈好奇心，因此比较受欢迎。这表明，能够反映中国特色、轻松有趣的中国体育故事更有可能吸引海外受众的兴趣。

（二）新闻话语呈现方式更倾向于"文字+"的体育故事

在如今的新媒体时代，手机移动端已经被广泛应用于社会生活的各个领域，传统媒体也在不断转型和发展，手机移动端已经成为人们最青睐的接收信息的媒介。随着网民数量的增加，新华体育推特的用户数量也在随之增加。新媒体的技术发展与全球信息化的发展趋势相辅相成。以当前的社会生活为例，现代人生活步伐逐渐加快，快节奏的生活方式使人们的时间呈现碎片化现象[1]。新媒体时代，纯文字的话语呈现形式已经过于单一，无法吸引受众，图片和视频的加入能使受众更加直观地接收信息，逐渐成为全媒体时代最受欢迎的传播方式。

随着5G时代的到来，短视频便捷的内容表现形式通过终端技术的发展得以展示，更美观、更实用的移动终端体验也由此形成，从而奠定了移动短视频推广的基础条件。与短视频相比，文字的形式过于单调，没有直观的视频画面，蕴含的信息也不够全面。通过对点赞数超过1000个的推文进行分析后发现，文字加图片的推文共3条，文字加视频的推文共3条，没有纯文字推文。因此可以看出，在新媒体时代，新华体育推特在讲好中国体育故事话语建构中的多媒体话语呈现模式得到受众的青睐，图片和视频在进行话语表达过程中以直观、显著的特点发挥了更加重要的中国体育故事话语建构作用。

二、通过转发扩大社会联系：建构中国体育热点议题，话语聚合力增强

2017年1月至2021年8月，新华体育推特中国体育故事推文转发总数为50020次，平均值约10.67次，其中最高转发数为509次。从表10的数据可以看出，新华体育推特中国体育故事推文转发数的斜率变化非常大，转发数主要集中在0~50次；转发数为0次的推文也很多，约占推文总数的32.97%；转发

---

[1]陈珺璐．中国官方海外社交媒体平台话语策略及其效果分析［D］．南京：南京师范大学，2020.

数超过100次的推文只有53条,约仅占推文总数的1.13%。通过对转发数高于200次的推文分析发现,点赞数高和转发数高的推文在很大程度上有所重合,但其中只有一条推文转发量和点赞数呈现反比状态,也就是该条中国体育故事推文的转发数高于200次但点赞数小于200个,因此,本书将对该条推文进行单独的研究和分析。

表10 新华体育推特中国体育故事推文转发数

转发数(次)	推文数量(条)
0	1545
0~50	3706
50~100	115
100~150	37
150~200	7
200~250	0
250~300	2
300~350	2
350~400	2
400~450	2
500以上	1

新媒体传播的特性决定了高转发数与高点赞数往往是相辅相成的。以Twitter为例,在用户使用的过程中,用户所看到的信息除了有自己订阅或关注的账户发布的内容,还有Twitter基于算法推荐给用户的内容。Twitter会在搜索结果和首页刷新结果中首先给用户推荐其算法计算出的优质内容,即用户第一时间第一视角所获得的内容并不是按照时间顺序得出的,而是按照算法顺序得出的,是Twitter认为用户需要第一时间得到的信息。这一点与现行的微博刷新方法是一致的。而在这种算法的运作下,一条Twitter的转发、点赞和评论数都是算法的重要参考标准。由此可以得出,无论是上述哪一个数据的增长都会提高这条推文的曝光率,也就是浏览量,浏览量的提升也会同时带来其他几组数据的增长。

从图27可以看出,"40 yrs old Stephon Marbury stays in Beijing, not with champions Beijing Ducks but another Chinese Basketball Association team Beijing Aolong"（40岁的斯蒂芬·马布里留在北京，但是并不是在北京首钢队，而是加入了北京北控队），该条推文是关于40岁的斯蒂芬·马布里加入北京北控队的体育新闻，话语内容中涉及CBA球员调动情况，属于2017年中国篮球的热点话题。当年，年满40岁的篮球运动员马布里发布社交动态，宣布脱离北京首钢队，加入北控队，人们对此事件展开了激烈的讨论，特别是马布里还作为前NBA球员，也吸引着海外受众的关注，使其成为当年的体育热点人物。同时，此次热点事件争议性较高，在一定程度上刺激了受众对于该条新闻的转发。

图27 新华体育推特发布的斯蒂芬·马布里加入CBA北控男篮推文

此外，由于在新媒体时代点赞的意义大多时候是表示一种赞同和认可的态度，而当时一部分受众和球迷对此次事件保持中立，所以对于此类推文，他们更倾向于转发，将其扩散至更广阔的社会关系网，在一定程度上不进行推文点赞。

三、通过评论构建话语联系：建构多种类型互动评论，话语交互性提高

新华体育推特中国体育故事推文的评论数较点赞数和转发数更低，评论数为

8591个，平均每条推文评论数约1.83个，其中最高的评论数为53个（表11）。

表11 新华体育推特中国体育故事评论数

评论数（个）	推文数量（条）
0	121
0~10	2224
10~15	85
15~20	27
20~25	17
25~30	10
30以上	3

下面对评论数前五的推文及其回复内容进行研究（以评论数由高到低排列）：

[推文7] See how a primary school in Simen, south China, trains its students in table tennis. It might give you an idea why China has dominated the sport for so long（看看中国南方泗门的一所小学是如何训练学生打乒乓球的。这也许能让你明白为什么中国能称霸这项运动这么久）。

[推文8] 3∶41.38! #China's Sun Yang wins third straight @fina1908 world title of men's 400m freestyle in Budapest, 2.47s faster than Mack Horton（3分41秒38！中国选手孙杨在布达佩斯世锦赛上以比霍顿快2.47秒的优势拿下男子400米自由泳世界冠军，这也是他第三次获得这项比赛的冠军）。

[推文9] LIVE: Watch China's best martial artists battle for gold at ongoing National Games! Leave a comment（现场直播：观看中国最好的武术大师正在争夺全运会金牌！留下你的评论）。

[推文10] Will China make miracle again when they meet Iran on Tuesday? China beat S. Korea 1-0 last week in #WorldCupQualifiers（周二，中国与伊朗的对决能再次创造奇迹吗？中国队击败了韩国队，以1-0的成绩成功晋级世界杯预选赛）。

[推文11] LIVE: China's top amateur table tennis players take on national team members in "grassroots VS elite" games（现场直播：中国最顶尖的业余乒乓球选手在"草根VS精英"比赛中与国家队队员较量）。

［推文 12］ Enjoy Chinese firefighters' crazy jump rope skills in Shanghai. So you may decide to give jump rope training a try（在上海，欣赏中国消防员疯狂的跳绳技巧，你也可能会决定尝试一下跳绳训练）。

经过对推文内容和相关评论的分析可以发现，新华体育推特讲好中国体育故事的推文类型有以下三种。

（一）积极互动型评论

随着互联网技术的快速发展与完善，新媒体时代的受众在新媒体环境中拥有了前所未有的发言权和表达观点的能力，受众不再只是信息的接受者，更是一个积极的话语表达者。合理有效地利用互动评论是激发话语传播效果的有效途径。当人们开始对同一话题进行关注和讨论，并且发表自己的观点和看法，同时能够积极地表达自我观点和回应他人时，就会丰富受众个体的情感，使受众之间或受众和媒体之间产生情感上的共鸣[1]。

如推文 9，新华体育推特在其中以主动寻求回复的方式进行传播，该条推文以 "Leave a comment"（留下你的评论）结尾，这在一定程度上满足了受众期望能够在新媒体传播环境中发表自己观点的想法。从推文内容来看，新华体育推特选择的中国体育故事话语主题为中国传统文化武术，契合了海外受众的喜好。在新闻话语的微观表达方面，新华体育推特通过相关词汇 "best" 和 "artists" 的巧妙设计，引导受众关注、思考并产生评论互动的行为。除此之外，直播类的体育故事讲述更能引发在线观众的探讨和表达。

（二）群众体育型评论

另外一个在高回复率中占比较大的话语主题就是一些以群众体育作为主要内容的推文，如推文 7、推文 9、推文 12。

关于中国普通群众（如小学生、业余乒乓球选手和中国消防员）参与体育活动的三条推文引起了较多讨论。这主要有两个原因：一是海外受众长久以来缺乏对中国群众体育活动的了解；二是全民健身背景下，中国媒体积极宣传健

---

[1] 朱颖，丁洁. 互动仪式链视角下政务微信与用户的互动研究［J］. 新闻大学，2016（4）：75-86，152.

康中国、全民健身，得到海外受众的关注与讨论。新华体育推特在讲好中国体育故事的话语建构过程中，通过以上两方面对中国普通群众的体育生活进行了报道，满足了海外受众对中国普通群众体育生活的好奇心，提高了中国体育在国际领域的认知程度。

(三) 体育明星效应型评论

从新华体育推特中国体育故事推文中可以发现，评论数第二多的推文是关于运动员孙杨"连续三次获得男子400米自由泳世界冠军"的推文。这条推文的评论内容相对单一，基本上是粉丝表达了对孙杨的赞扬。其中有一种非常特殊的现象，通过分析评论者的ID后发现，许多评论都来自同一个ID（图28），并以非互动状态出现。从传播学角度解释，这是一种独特的亚文化传播模式——饭圈文化，多次回复有关偶像的推文是饭圈文化传播的典型特点，粉丝们认为通过多频率地评论可以增加偶像推文的曝光和推送，帮助偶像的推文成为热门，也能够使更多的受众知晓他们的偶像，并提高偶像的人气，并且粉丝与粉丝之间会进行相互的点赞和回复，使推文的评论朝着粉丝希望的方向发展。

图28 新华体育推特推文下同一个ID的多个评论截图

姚明进入 NBA 后,"中国巨人"用他独特的运动能力和人格魅力获得了海外球迷的喜爱,使中国的标志性体育人物得到了更广泛的传播并获得认可。与姚明类似,郎平、刘国梁、孙杨、马龙等中国运动员和教练员可以影响海外受众对于中国体育的总体印象。因此,新华体育推特在讲好中国体育故事的话语建构中,除了要宣传中国运动员所获得的卓越成绩,还要发掘运动员和教练员个人魅力及体育精神,增强运动员和教练员潜在的体育传播力。

主流媒体讲好中国体育故事话语建构的不足

第六章 CHAPTER 06

新华体育推特作为我国主流媒体海外社交平台讲好中国体育故事的主要渠道，在我国对外宣传强调"讲好中国故事、传播好中国声音"初期，便建立账号、精准自身媒介定位，积极进行讲好中国体育故事的话语建构。在我国积极推进新型主流媒体发挥新闻宣传作用、积极倡导对外传播提升国际话语权的背景下，新华体育推特作为我国官方体育账号，进行新闻话语宏观的主题议程设置，精细新闻话语微观的词句表达，运用各种新媒体表现方式，充分结合讲好中国体育故事的话语语境，积极投身于讲好中国体育故事的话语建构实践中，取得了海内外受众的关注和认可，也借助海外社交平台宣传了中国体育精神、介绍了中国体育人物、呈现了中国体育发展的面貌，在一定程度上扩大了中国体育的国际影响力，但在呈现的话语建构效果上略显不足，本章从以下四个方面分析主流媒体讲好中国体育故事建构方面的不足。

一、宏观话语主题方面：中国体育故事话语主题议程设置能力欠缺

在前文分析新华体育推特讲好中国体育故事的宏观话语主题时可以看到，主流媒体对中国体育故事的深描与策划更倾向于竞技体育故事，包括中国优秀运动队和运动员在各类体育竞赛中的辉煌战绩，更加侧重于对中国优势体育项目的渲染与铺陈。但是通过话语建构效果的分析结果可以发现，往往是中国民族传统体育项目或是喜闻乐见的群众体育活动更加受到海外受众的关注和认可。

可见，在宏观话语主题的呈现方面，新华体育推特讲好中国体育故事的议程设置能力稍显不足。在主流媒体进行体育故事的讲述时，不仅需要话语生产主体进行充分的议程设置，话语接收语境也显著地影响着新华体育推特讲好中国体育故事的话语建构效果，尤其是涉及民族传统体育故事、群众体育故事时，如何通过选择合适的话题主题吸引海外受众成为重要议题。

中国民族传统体育文化凝聚了中华民族历代传承的文化底蕴和价值观念，中国现代体育所取得的成就离不开中国民族传统体育文化的价值支撑和情感共鸣。虽然中国民族传统体育故事和群众体育推文占比较小，但是上述两类话语主题都是中国体育故事的重要组成部分。要想讲好中国体育故事，不应发生什么就去报道什么，而是应统筹进而去挖掘。中国民族传统体育文化扎根于中华民族文化中，文化内容丰富且充满深意，是在国际舞台中塑造文明大国形象的重要精神支撑。在国际社会中，讲好中国民族传统体育故事、继承和发展民族传统体育文化，是促进中华民族文化繁荣发展的重要举措[1]。中国广阔地域内开展的门类众多、参与人员广泛的群众体育活动都是我国全民健身的积极成果。因此，新华体育推特在讲好中国体育故事时，一定要注重对中国民族传统体育故事和群众体育故事的议题设置，加强国际社会对中国竞技体育强国的认识，丰富其对中国民族传统体育文化的认知以及对中国群众体育开展情况的了解，使海外受众更加全面地了解中国体育的发展，了解中国体育强国建设过程中的成就。

二、微观话语表达方面：中国体育故事话语表达形式手段创新不足

随着互联网和新媒体技术的发展进步，利用新技术进行对外话语传播已经成为海外社交平台进行信息传播的重要途径。根据观察发现，新华体育推特在中国体育故事传播形式上，选择的是图片文字结合和视频文字结合的方式，这也是新华体育推特讲好中国体育故事传播的主要形式，缺少传播优势和亮点。同时，在新华体育推特讲好中国体育故事的过程中，很少利用AR、VR以及5G等新技术进行中国体育故事的话语传播，忽视了新媒体技术带来的益处。

---

[1] 仇筠茜，韩淼. 独白、对话与推送：新华社海外社交媒体天津爆炸案报道分析[J]. 对外传播，2015（9）：60-62.

微观话语的表达是讲好中国体育故事的具体话语实践。总体而言，新华体育推特在讲好中国体育故事的话语表达过程中，能够应用句式、词汇、修辞等话语表达方式和图片、文字、视频、链接混合搭配的形式向海内外受众讲述中国体育故事，但是缺乏不同话语语境背景下的话语融通能力，话语外部互文征用不足。海外社交平台的受众是多元的，对话语的理解也是多义的，为了更好地理解新闻文本，既需要借助文本的内部互文，也需要考虑文本的外部互文。通过对新华体育推特讲好中国体育故事的话语文本的微观话语进行深入分析发现，主流媒体在讲述中国体育故事时，更加关注当前文本的内部互文，注重话语本身表达的逻辑自洽，但是对话语文本的外部互文征用明显不足。在微观话语表达上，与受众所处话语体系即海外社交平台中各类文本的主动对接和吸纳能力有待提高，存在我国主流媒体在海外社交平台"自说自话"的情况。除此之外，主流媒体在海外社交平台的话语表达充分应用海外网络话语的能力也有待提高。海外社交平台的话语表现形式并不限于文字这种狭义的话语，网络语言、网络热梗、表情包等都属于广义上的话语，面对海外社交媒体和更加年轻的海内外受众，当前主流媒体对海外网络话语的认识和掌握还不够娴熟。综上所述，主流媒体正在努力地为讲好中国体育故事进行细致的话语表达，但是在话语表达方式和手段上还应该充分考虑海外社交平台的特点和话语接收语境，使用更加创新且新颖的中国体育故事话语表达手段。

三、话语建构效果方面：主流媒体对中国体育故事话语互动反馈不足

对外传播的话语主要分为独白式话语和沟通性话语，独白式话语是新闻传播过程中首先发展起来的，只侧重于对话语的传播者和话语内容的关注，却忽视了对话语接收者的关注，而沟通性话语是话语传播者与话语接收者之间沟通的桥梁，是二者之间信息共享的手段[1]。从前文提到的话语建构效果分析中可以发现，新华体育推特在讲好中国体育故事的话语建构中侧重于"推送式"的对外传播机制，以独白式话语为主要传播形式，缺乏与受众的有效互动，具体

---

[1] 仇筠茜，韩森．独白、对话与推送：新华社海外社交媒体天津爆炸案报道分析 [J]．对外传播，2015（9）：60-62．

体现在新华体育推特在讲好中国体育故事的过程中忽视了与粉丝的互动，在社交网络中难以和受众形成真正的对话。

主流媒体与用户的互动，也是讲好中国体育故事的话语建构过程中的重要组成部分。良好并顺畅的话语生产者与话语接收者的互动，不仅可以提高主流媒体账号自身的用户忠诚度，还可以提升国际社会对中国主流媒体所讲述的中国体育故事的关注与认可。主流媒体在重视话语生产的同时，还要十分重视用户留言并及时给予反馈，因为互动性是社交媒体区别于其他媒体最主要的特性，只有将该特性转变成话语建构优势，才能够充分发挥社交媒体的国际传播优势。通过考察发现，新华体育推特并未对中国体育故事推文下的评论作出任何回复，只专注于信息的发布，没有使海外受众直观地加入中国体育故事的讨论和互动中，他们只是单纯的信息接收者，因此，大多数中国体育故事的推文点赞数、转发数和评论数都比较少。

四、话语传播认知方面：主流媒体对中国体育故事话语传播规律认知不清

全媒体技术和信息网络技术的发展和进步促使传统媒体逐渐告别了独自传播的形式，媒体之间的融合、合作与发展成为主流。从宏观上看，新华体育推特讲好中国体育故事的媒介互动手段单一，只通过使用"@"功能与其他媒体或其他个人用户进行互动来提高推文被搜索到的可能性，而优势资源的整合却很少出现。从微观上看，新华体育推特的子账号并不完善，没有发挥合力传播的作用，也未能建构完善的传播矩阵，这也导致了中国声音传播力薄弱的问题。除了"@"功能，中国体育故事推文中还有1357条推文带有链接，链接源网站均来自新华社和新华体育的英文网站，这种方式在一定程度上对无法完整表达的话语进行了丰富和完善，使中国体育故事更加充实和立体，但在此类推文中必须注意链接内容的表达。另外，在研究过程中发现，部分中国体育故事推文的网页链接已经失效，在一定程度上造成了新华体育推特的粉丝流失。此外，链接失效也会影响海外受众对新华体育的主观印象，从而影响国家形象的塑造。

在新的传播生态环境中，像Twitter这样的社交媒体平台已经成为全球信息分发的主要渠道，对海外社交平台传播规律的认识和把握在很大程度上决定着

主流媒体讲好中国体育故事的话语传播版图。数据显示，YouTube 中只占 10% 的最受欢迎视频却吸引了 79% 的浏览量，10% 的频道制作了 70% 的最受欢迎的视频[1]。由于社交平台的话语传播存在马太效应，因此，主流媒体在海外社交平台讲好中国体育故事的话语建构过程中，一定要清晰地认识到新型主流媒体的海外传播特点，更要充分理解海外社交媒体话语传播的思维，既要注重话语传播的内容，又要创新话语传播的形式，还要注重讲好中国体育故事的内在逻辑，避免因为对主流媒体在海外社交平台讲好中国体育故事的话语传播认知存在偏差造成话语传播实践效果不佳。新华体育推特在未来讲好中国体育故事的话语建构过程中，如何借助其他媒体平台（如 Facebook、YouTube）进行海外社交平台的全方位传播，以及如何提升对讲好中国体育故事话语传播的正确认知，是其亟待解决的问题。

---

[1] MCLACHLAN S. 25 YouTube statistics that may surprise you：2021 edition [EB/OL]. [2022-02-14]. https://blog.hootsuite.com/youtubestats-marketers/？utm_source=twitter_hootsuite&utm_medium=owned_social&utm_term=278c3092-358d-4b38-a070-cb3be74c7519&utm_campaign=all-alwaysonnone-glo-en----social_hootsuite.

主流媒体讲好中国体育故事话语建构策略 /第七章

一、优化中国体育故事话语内容，提升话语建构的创造力

尽管媒介技术的发展引发了新闻话语传播形式的变革，但是在对外传播话语实践的过程中，在讲好中国体育故事的具体过程中，打造优质的中国体育故事内容依然是崭新的媒介环境下新型主流媒体讲好中国体育故事、传播好中国体育声音的关键所在。优质的体育故事内容更容易提升海外受众的认知，吸引海外受众的关注，也更容易被转发和分享至更加广阔的社会范围，从而增强中国体育故事话语建构的效果和话语的融通能力。

（一）创新话语主题，凸显中国体育故事话语主题的民间化

新闻话语主题是从宏观层面对新闻话语内容的高度概括。通过总结归纳可以看出，我国主流媒体中国体育故事话语宏观话语主题的议程设置能力欠缺。中国体育梦故事、中国体育文化故事和中国体育交流故事三个一级主题还远远不够，且属于太过偏重竞技体育故事的话语主题。而从话语建构效果来看，海外受众更加关注极具中国文化特色的中国民族传统体育故事和反映普通民众的群众体育故事。

在体育强国建设和实现中华民族伟大复兴的进程中，包括新华体育推特在内的我国主流媒体要不断创新中国体育故事的话语主题，在话语传播日益碎片化的传播环境中，通过原生态的、最为质朴的话语内容讲述中国体育故事，"以小见大"地将国家荣辱与个人命运紧密结合，将体育精神与日常生活紧密联系，

让更多海外受众深刻感受到中国竞技体育的辉煌、中国体育人物的魅力、中国体育文化的博大精神和中国普通民众的体育生活等，推进万千变化的中国体育故事走向国际舞台。因此，中国主流媒体在讲好中国体育故事的过程中，要积极创新话语主题并进行议程设置，从一级体育故事话语主题到次一级中国体育故事话语主题，逐层进行话语主题多元化的积极尝试，彰显中国体育故事话语主题的民间化。诸如近年来蔚为壮观的中国城市马拉松、龙舟竞渡等民族传统体育项目、节庆假日的体育活动等都可以成为中国体育故事对外传播的话语主题。对部分海外受众来说，媒体的传播已经成为他们了解中国体育发展的主要来源，因此，我国主流媒体应以提升中国体育故事对外传播的话语建构效果为目标，注重中国体育故事话语主题的多元化，提高群众体育故事话语主题的占比，并精心挖掘平民化体育故事的深度和广度。同时，要更加注重不同类型体育故事话语主题的均衡性，建构新时代中国体育形象，促进体育强国建设中长期建设目标的实现，展现中华民族伟大复兴进程中的体育发展，实现讲好中国体育故事的目标。

(二) 转变传播视角，凸显中国体育故事话语传播的草根化

随着中国综合国力的不断提升、世界未有之大变局的时代背景以及先进传播技术的快速发展，以"讲好中国体育故事、传播好中国体育声音"为目标构建全新的体育对外传播话语体系，提升中国主流媒体的国际影响力，成为当前中国新型主流媒体的时代重任和历史使命。以新华社、人民日报社、中央广播电视总台等为代表的中国主流媒体充分与新媒体进行内容、渠道、营销的媒介融合，希望借助崭新的媒体平台、新颖的信息传播方式，建构中国体育话语传播的新模式。

打造优质的中国体育故事话语内容首先要转变话语传播的视角，采用"草根化"的传播视角进行话语传播无疑是提升中国体育故事话语建构效果的主要手段。在信息传播日益碎片化的时代，体验性强、距离感弱、表意轻松的话语内容更容易引起海外受众的关注和分享。我国主流媒体在话语传播中一直处于"居高临下"的地位，话语风格严肃、认真，在过往的话语传播中一直引导舆论风向，树立正向形象，这是主流媒体的优势。但是随着时代的发展，新型主

流媒体应运而生，我国的主流媒体应该充分地利用新媒体的优势，将流程优化与平台再造相结合，凸显媒体的个性化优势，如新华体育推特或者人民体育推特等海外社交平台账号，为满足海外受众个性化、多样化的信息需求，应将"官方"的话语内容逐渐过渡为"官方"与"草根"相结合的话语内容。例如，新华体育推特对乒乓球草根与国手的话语主题建构就非常成功，乒乓球作为我国国球，在我国具有非常好的群众基础，民间有非常多的乒乓球高手，我国乒乓球国手更是在世界大赛上频繁摘金夺银，这样的草根与国手的话语主题内容，既展现了中国乒乓球竞技能力的高超，又呈现了我国健康中国建设背景下喜闻乐见的群众体育活动的蓬勃发展。再如，近年来中国城市马拉松蔚为壮观背后的普通跑者的体育故事，传承和保护民族传统体育项目如舞龙舞狮、龙舟竞渡的普通人的体育故事，参与节庆假日的体育活动的体育人的故事，努力做好大型体育赛事服务的志愿者的故事等草根化的中国体育故事，可以成为我国主流媒体讲好中国体育故事话语主题新的方向，与竞技体育梦的故事、优秀体育人物的故事、体育外交的故事等内容共同架构起中国体育故事的优质话语内容，吸引更多海外受众关注中国体育的发展，提升中国体育的传播力、影响力和引导力。

（三）转换话语思维，凸显中国体育故事话语传播的故事化

体育故事之所以被叫作故事，就是因为它与一般体育新闻报道是有明显区别的。如何让中国体育故事更有吸引力，是主流媒体在话语建构过程中一直思考和探索的实践问题。中国正处在通过"讲好中国故事，传播好中国声音"加强对外传播的早期阶段，呈现出中国体育故事吸引力不足的特点。

主流媒体在海外社交平台讲好中国体育故事的着力点应该是转换话语传播的思维。打造优质的中国体育故事的话语内容，需要深入挖掘中国体育故事的独特内涵和内在价值，传播属于中国体育的价值和理念，进而塑造大国形象。主流媒体在通过海外社交平台讲故事的过程中，要明晰中国体育故事的故事内涵，以树立大国形象为基本方略，挖掘生动有趣的故事化话语素材，重点选择一些体育外交的故事、中国竞技体育圆梦的故事、中国体育精神的故事、中国民族传统体育的故事、中国体育文化传承的故事等，并对故事中展现的中国价

值、中国特色、中国理念进行阐释解读，不断提升新型主流媒体对外体育传播话语建构的创造力，更深层次地展示中国体育的发展样貌和深层魅力。由于海外社交平台的话语内容更多是碎片化的快餐式阅读，并且受到平台发文字数的限制，因此，相对短小的体育故事更加契合海外受众的阅览习惯。在这种社交平台的传播情境下，主流媒体讲好中国体育故事的技巧在于新闻故事化、故事情节化、情节细节化、细节放大化[1]。首先，要将传统的体育新闻故事化，摆脱传统体育新闻以信息传递为主要功能的文本结构，尽量选择超越国家、民族和文化的故事为话语主题；其次，要将体育故事情节化，体育故事要见人见事，更要见情节，可以利用新闻微观话语表达中的句式、修辞和词语深入塑造；再次，体育故事情节的细节交代非常重要，尤其是当高语境文化的我国向低语境文化国家讲体育故事时，更需要把体育故事细节的缘由、关系、背景解释清楚，让海外受众理解体育故事的内涵，可以考虑用文章链接或者短视频的形式讲述体育故事，从而达到丰富故事细节的目的；最后，重要的体育故事细节应进一步凸显并放大，如在标题制作上加强细节描述词汇、在遣词造句上注重细节的方法、在图片选择上注重细节刻画、在视频中给予关键细节的深描。为了打造优质的中国体育故事话语内容，需要讲好"中国"体育故事，更要讲好中国体育"故事"。

二、创新中国体育故事话语形式，提升话语建构的表现力

讲好中国体育故事需要我国的新型主流媒体摒弃大众传播时代单向的、填鸭式的话语传播方式，创新中国体育故事的微观话语表达形式，提升对外传播话语建构的表现力。这就要求新型主流媒体利用主流媒体现有的资源优势，构建全媒体话语传播矩阵，还需要对海外社交平台来自不同国家、不同文化背景下的目标受众进行细分，认清海外社交平台的话语传播规律和平台特点，因地制宜地选择适合海外文化背景的中国体育故事的话语表达形式，在进行话语传播时要多采用图片、视频等形式，尽量减少语言障碍和文化壁垒造成的话语传播隔阂，提升中国体育故事话语建构的表现力。

---

[1]张超.主流媒体海外社交平台讲好中国故事的提升路径[J].中国编辑，2022（8）：29-33，40.

（一）采用多模态话语表现形式，突出中国体育故事话语传播的技术表现力

多元化的话语传播方式是提高讲好中国体育故事话语建构和对外传播能力的重要手段，新华体育推特在讲好中国体育故事的话语建构中目前还停留在相对单一的话语表现方式，虽然加大了视频的使用量，但是占比相对较小，缺乏更加具有视觉冲击力、彰显媒介先进技术的表现手段。在短视频、VR、直播以视觉冲击力、表现力成为当下主流表现形式的社交媒体时代，需要采用多模态的话语表现形式，凸显传播技术在促进中国体育故事话语传播中的表现力。

新华体育推特在讲好中国体育故事的话语建构中要加大对新媒体技术的使用力度，丰富中国体育故事的话语呈现形式，引起受众的阅读兴趣。除了要加大视频的使用量，还要适当增加 GIF 动态图片的使用量，使中国体育故事更加富有趣味性，增强其传播优势。另外，新华体育推特可以适当增加对 AR 技术和 VR 技术的使用，增强受众的直观感受，还可以以直播的形式现场还原中国体育故事发展的最真实情况，使海外受众更加直观地了解中国以及中国主流媒体的新型传播技术，加强中国体育故事在国际社会中的传播力。目前，我国主流媒体已经具备较为先进的媒介技术，且广泛地应用于国内的新闻表达中，如我国的主流媒体中央广播电视总台建构的"4K+5G+AI"媒介布局，虽然其构建的融媒体中心尚处在发展初期，但上述技术的先进性能为呈现多模态的中国体育故事话语形式，为跨时空、跨地域的话语传播常态化提供了可能。《中国日报》在 2021 年全国两会期间就全面采用了"5G+4K"与"5G+VR"等前沿的媒介技术，实现了跨时空的同步传播[1]，但在海外平台新闻表述中的应用能力还有待提升。讲好中国体育故事，需要充分利用媒介技术的优势，采用多模态的话语表现形式，凸显中国体育故事的技术表现力，让海外受众更加立体、更加直观、更加真切地感受中国体育的发展，进而提升中国体育的国际传播力。

（二）多挖掘平台特点，突出中国体育故事话语传播的平台表现力

在崭新的传播生态环境中，海外社交媒体平台成为全球信息分发和话语传

---

[1] 沈雨敏. 新型主流媒体讲好中国故事的对外传播话语路径 [J]. 传媒，2022（15）：74-76.

播的主要渠道，对海外社交平台技术算法、传播规律的认识很大程度上决定着主流媒体讲好中国体育故事对外传播的版图规划。但是，由于我国主流媒体进入海外社交平台进行国际化传播与推广的开始时间较晚，而讲好中国体育故事的话语传播又属于高语境国家向低语境国家的话语传播，所以，在文化沟通交流存在障碍的背景下，更需要深入挖掘平台的特点和规律，更加突出中国体育故事话语传播在海外社交平台的表现力。

海外社交平台通常以用户为中心，基于算法进行信息的分发，更加明确了"分众"及其分发方式。基于信息点赞、评论和转发相关数据构成的话语建构效果越好，相关内容就会被推送至更高一级的流量池中，因此，充分了解平台的运行规律，有利于精准定位目标受众，更利于将中国体育的发展面貌呈现在世界眼前。海外社交平台的受众既有基于地理和人口统计学相关指标的分众，也有基于社会关系和网络社群的分众。因此，要想让中国体育故事精准抵达那些关注中国体育发展、热爱中国体育文化、喜欢中国运动员的目标用户视线中，必须遵循海外社交平台的算法分发和推荐规律。具体来说，一是要依据不同海外社交平台的算法分发和推荐规律调整中国体育故事话语呈现形式。主流媒体在不同的海外社交平台讲述中国体育故事时，应当将中国体育故事"量体裁衣"，并在话语呈现形式上进行优化。例如，Twitter更加偏爱视觉文本的话语形式，单纯的文字体育故事受关注较低，因此被算法分发和推荐的概率也较低，而带有视频或动图的体育故事话语形式更受青睐，自然也会获得更高的关注度；另一个平台YouTube则注重不同频道特色的呈现，而非单个视频的话语传播效果，并且偏爱长视频和系列视频的话语传播效果。二是可以通过主流媒体在海外社交平台设置的官方账号内部制作基于多样话语呈现形式的多版本的中国体育故事。与大众传播时代更加注重故事内容不同，社交媒体时代的主流媒体在海外社交平台应该按照平台特点进行内容运营。在海外社交平台的中国体育故事"内容池"，可以针对一个话语主题，为用户提供多个版本、多个视角的中国体育故事内容，数量足够多的中国体育故事分众内容可以优化中国体育故事的话语文本质量，提升不同受众的话语接收体验，增加用户黏性。因此，主流媒体要想讲好中国体育故事，必须充分挖掘、依托平台的自身特点和传播规律，突出中国体育故事的平台表现力。

(三) 多创新传播矩阵，突出中国体育故事话语传播的聚合表现力

由于不同的海外社交平台均有自身的话语传播偏好和推文限制，所以平台用户可能无法完整全面地进行情感和观点的表达。实践证明，要想将中国的体育信息与文化从高语境向低语境进行有效的话语传播，呈现真实立体的体育发展面貌，中国新型主流媒体应积极与海外各类社交媒体平台进行交流合作，构建全景式、全域式、跨时空的全媒体传播矩阵，增强中国主流媒体讲好中国体育故事的传播矩阵的聚合能力，提升讲好中国体育故事的话语建构效果。

未来，新华体育推特在讲好中国体育故事的话语传播实践中应汲取过往的先进做法，如在中国体育故事的相关推文中增加网页链接的方式，这样可以引导受众通过网页的形式阅读全文，在一定程度上可以满足受众获取更深层次信息的需求，还可以增加网站的访问量。除此之外，新华体育推特还应该更多地依靠母媒体国家通讯社新华社的力量实现平台引流，新华社是中国国家通讯社，新华体育作为它的分支具备优质的新闻制作团队，应该充分利用海外社交平台，积极整合国内资源建构全媒体话语传播矩阵，积极主动契合海外受众的信息接收习惯，以客观、科学、专业的视角展开国际体育报道、讲好中国体育故事，提高新华社和新华体育英文网站的知名度和阅读量，从而提升主流媒体整体新闻传播矩阵的平台聚合能力。新华体育推特曾创新性地推出了 Vlog 短视频栏目，依托新华社国际传播融合平台的原创视频栏目 Globalink（全球连线）进行有效的推广和链接[1]，应用视频的表达方式以全球视野、中国视角讲好中国体育故事，虽然使用频率较少，但是呈现的形式是值得以后借鉴的。但需要注意的是，新华体育推特还要确保链接的有效性，对链接所在的网站进行运营和维护，避免打开无效链接的情况。概言之，中国主流媒体要想讲好中国体育故事，就要善于利用各个平台的媒介资源优势，充分利用新媒体传播优势提高对外传播能力，发挥新华社、人民日报社、中央广播电视总台等主流媒体的资源优势和人才优势，挖掘其他关联媒体账号的潜力，建构全方位、多元化的对外传播矩阵，从而突出中国体育故事传播的聚合表现力。

---

[1] 李倩，张洪沥．利用短视频讲好中国故事的传播策略分析 [J]．今传媒，2021，29（6）：14-16．

三、加强中国体育故事话语互动，提升话语建构的融通力

中国主流媒体讲好中国体育故事主要依附于海外社交平台的传播渠道。因为海外社交平台的媒介文化理念和内容推送逻辑都是基于媒介的商品属性，为了更好地吸引海外受众的关注从而通过体育加强其对中国国家形象的认知，主流媒体无论是从中国体育故事的内容还是形式上，都要加强话语的互动，特别要提升话语建构的融通力。主流媒体在海外社交平台讲好中国体育故事的着力点在于如何将宏大独特的体育强国梦、体育外交话语等相对严肃的话语通过体育故事的形态融通为符合海外社交平台逻辑的全球网络话语、国际关系话语，嵌入海外用户的社会网络中，发挥体育提升中国国际舆论话语权和引导力的作用。

（一）加强受众互动反馈，建立中国体育故事话语互动的强关系

媒体与受众之间建立互动与交流是当今社交媒体的核心任务，通过与受众进行良性互动，可以使媒体的形象更加充满亲和力和人情味[1]。从新华体育推特讲好中国体育故事的相关话语传播实践来看，当新华体育推特主动寻求互动时，其粉丝活跃度都比较高，但是绝大多数情况下，新华体育推特中国体育故事推文的互动性较弱，缺少与受众的互动，在讲好中国体育故事的话语建构过程中很少采用主动回复的方式与受众进行互动。因此，新华体育推特在讲好中国体育故事的未来发展中，要加强与受众的联系，要善于运用主动寻求沟通的话语建构方式，增加沟通性话语的使用，增强受众的附着力。

主流媒体讲好中国体育故事不能仅仅停留在"讲"上，还要注重"好"的效果，即取得较好的话语建构效果和受众的阅读反馈，充分利用海外社交平台的传播规律和裂变传播模式拓展中国体育故事的传播空间，吸引更多的海外受众关注并转发，将中国体育故事扩展至更加广阔的社会网络，有效建立中国体育故事话语互动的强关系。一是要重视用户的留言评论并及时给予回复。互动

---

[1] 蒋玉鼐.从近期央媒推特高层出访报道看主流媒体如何在海外社交媒体平台发声[J].中国记者，2015（6）：27-29.

性是社交媒体区别于传统媒体最个性化的特性，把特性变成优势，才能够充分发挥社交媒体的国际化传播优势。中国主流媒体往往忽视与受众的互动沟通，通过对获得点赞数较多、受到广大用户普遍关注的评论进行反馈，往往是对主体新闻的另一个视角的议程设置。二是推动中国体育故事内容的持续化发展。在体育强国建设过程中，中国体育故事的话语主题是多元发展变化的，在针对受众比较关注且传播力强的宏大话语主题，特别是大型体育赛事的体育故事时，应该做成故事连载，如北京 2022 年冬奥会自由式滑雪空中技巧徐梦桃夺冠这一体育故事，可以串联其过往参加历届冬奥会的前情回顾和徐梦桃后续采访相关内容，并通过设置话题标签等方式与前后连续的故事内容建立联系，促进同一话语主题不同故事的多次传播，实现中国体育故事话语传播的溢出效果。概言之，中国主流媒体不能一味地进行单向的中国体育故事话语生产，还应利用海外社交媒体的功能加强与受众的交流和互动，并通过内容的设置引导受众互动反馈，建立中国体育故事话语互动的强关系，从而吸引更多的受众关注和认可中国体育的发展。

（二）注重故事情感传播，建立中国体育故事话语互动的共情力

中国主流媒体的对外传播是在百年未有之大变局的背景下进行的，面临着非常复杂的话语生态环境。海外社交平台是依附于各种"关系"，在话语传播的过程中实现用户的身份认同和话语认同。由于中国主流媒体在海外社交平台讲好中国体育故事是高语境向低语境传播的行为，所以存在着不可避免的文化壁垒，其话语融通已经不是简单的汉译英的翻译问题，更要注重中国体育故事的情感传播。

中国主流媒体要想讲好中国体育故事，一定要突出体育故事的情感传播，"共情"的产生包含"情绪感染"（Emotional Contagion）、"观点采择"（Perspective Taking）和"共情关注"（Empathic Concern）三个阶段[1]，或者说受众个体在面对群体情绪情景时参与信息接收、感染、表达、传递分享的行为过程[2]。体育本身就具备全球性、情感性等特征，体育故事是情感传播的重要素

---

[1] 吴飞. 共情传播的理论基础与实践路径探索［J］. 新闻与传播研究，2019，26（5）：59-76.
[2] 李玲. 民族互嵌与共情传播：一个文化社会心理学的视角［J］. 文化与传播，2019，8（3）：30-35.

材，中国主流媒体要使用普适性的情感故事打动海外受众，激发海外受众的共情力，这需要从话语宏观主题的设置、话语微观表达的手段等多方面共同架起中国体育故事对外传播的情感桥梁，以此取得更好的话语建构效果。例如，可以采用中国知名运动员 Vlog 的话语表达方式，将其自身的"体育仪式""体育事件"和"体育生活"展现在世界面前，用多元叙事视角传递真实的情感，从而激发海外受众的共情力，让受众从情绪感染产生关注进而产生认同[1]。除此之外，中国主流媒体可以在讲好中国体育故事的话语主题设置上多采用一些问卷或者调查式的话语内容，可以考虑举办用户生成内容（UGC）话语生产活动，如在对比赛的预测、对中国传统体育活动的认知等方面设置问题，引导受众进行互动，产生情感共鸣。在大众传播时代，诸多国际电台均设立类似《听众联线》节目和有奖竞猜活动且都很受欢迎。社交媒体时代，鉴于用户既是话语生产者，也是话语消费者，每个人均具备天然的内容生产属性，我国主流媒体可以采用体育故事征集的方式鼓励用户生成内容，从个体视角展现中国普通人的体育故事，让中国体育故事以更加直观真切的形态展现在世界面前，进而调动海外受众互动反馈并宣传中国的积极性。概言之，中国主流媒体一定要在中国体育故事话语传播的过程中注重对体育故事内容和形式的情感挖掘，建立中国体育故事话语互动的共情力。

（三）优化故事传受语境，建立中国体育故事话语互动的情境化

体育是沟通世界的语言，是国际传播的重要窗口，是中国故事的重要内容。双奥之城"北京"成功举办了夏冬两届奥运赛事，极大地提升了我国体育的国际威望。中国主流媒体讲好中国体育故事有利于将中国传统体育的文化精髓和现代体育的蓬勃发展呈现到更广阔的国际舞台上，但是目前中国主流媒体在讲述中国体育故事的话语建构过程中对再语境化的思考还不深。

因为中国体育故事的话语生产是基于特定语境生成的，所以，想要提升话语的融通力就必须优化中国体育故事的传受语境。因为中国体育故事的话语传播本就是从高语境向低语境传播，所以，如果传受语境即话语生产和话语接收

---

[1] 张景怡, 万晓红. 运动员 Vlog 讲好中国体育故事的叙事表达与策略研究 [J]. 科技传播, 2022, 14 (16): 126-129.

语境一致，话语融通就会相对顺畅；如果传受语境存在差异，就会出现话语理解障碍甚至话语误读。目前，中国主流媒体缺少对中国话语传播的语境化思考，忽视了建立中国体育故事话语传受双方互动的情境。因此，为了有效地提升中国体育故事话语融通的能力，应该加强创设中国体育故事话语互动的情境。在讲述中国体育故事时，面对抽象的较难理解的微观话语表达，特别是容易产生歧义和误读的内容，主流媒体应将想要表达的话语内涵以浅显易懂、贴近受众认知的方式直观呈现。在对外传播中，我国主流媒体需要注意从自身的高语境体育文化向其他国家低语境体育文化进行话语传播的问题，要充分考虑话语接收语境的接收能力和受众喜好，为低语境国家受众提供更加通俗易懂、喜闻乐见的体育故事。尽管中国主流媒体一直坚持内外有别、外外有别的对外传播理念，但是在海外社交平台讲好中国体育故事绝不是简单地对国内的体育新闻报道进行英文翻译。中国的主流媒体需要充分认知我国的文化、传统、民俗等因素，并对自身的媒体属性有清晰的定位，还要考虑话语接收语境的文化异质性问题，创设对外讲好中国体育故事的话语建构情境，提高中国体育故事的话语到达率和认可度。

结 语 / 第八章

一、主流媒体讲好中国体育故事符合对外传播要求

党的十八大以来，习近平总书记多次提出"讲好中国故事，传播好中国声音"。讲好中国故事源于习近平总书记对增强国际话语权和提升文化自信的要求。中国体育故事既是体育文化传播的重要载体，也是中国故事的重要内容。进入新时代，讲好中国体育故事不仅是推动体育强国建设的重要手段，也是中国主流媒体提高体育对外传播能力的重要方式。在世界未有之大变局之下，主流媒体讲好中国体育故事既是宣传贯彻落实习近平总书记讲好中国故事这一对外传播的战略部署，也是主流媒体提升中国体育国际传播力的重要手段，最终的话语建构目标是提升国际体育话语权。

二、主流媒体讲好中国体育故事采用多元话语模式

主流媒体在海外社交平台讲好中国体育故事采用多元话语模式的话语建构方式，清晰地呈现了主流媒体讲好中国体育故事的话语特征。文本视角下，主流媒体主要讲述了中国体育梦故事、中国体育文化故事和中国体育交流故事，主要通过陈述句呈现中国体育故事推文的客观性，主要选用名词、动词和数词等词汇讲好中国体育故事。修辞方面，主流媒体准确地把握受众心理，巧妙地使用隐喻、转喻的修辞手法吸引读者注意，措辞风格多元且灵活，整体话语中立客观。话语的发布形式以图文结合为主，契合了新媒体语境下受众的阅读习惯。

三、主流媒体讲好中国体育故事兼顾多重话语语境

新媒体时代，话语应用的特点对包括新华体育推特在内的中国主流媒体话语建构提出了新的要求，话语建构语境是在话语文本塑造和话语内容分析基础上需要着重考虑的必要因素。梵·迪克所提出的"话语—认知—社会"的话语分析模式解释了社会结构是如何影响话语结构的，基于此，中国主流媒体讲好中国体育故事话语建构的语境可具体归结于背景语境、话语生产语境、话语接收语境三大重要因素，出发点首先集中于国家政治大环境的主导，其次也受到媒体运营团队和海外社交平台特点的影响，最后是基于受众本身习惯和偏好。主流媒体讲好中国体育故事的最终目的是把握话语主导权，引导正确舆论，传播主流价值观。

四、主流媒体讲好中国体育故事话语建构存在不足

虽然中国主流媒体在提升讲好中国体育故事的话语建构上，通过创新性的话语建构手段获得了一定的海外受众的关注、转发和互动，但仍然存在一些不足。在宏观话语主题上，中国体育故事话语主题议程设置能力欠缺；在微观话语表达上，中国体育故事话语表达形式手段创新不足；在话语建构效果上，主流媒体对中国体育故事话语互动反馈不足；在话语传播认知上，主流媒体对中国体育故事话语传播规律认知不清。

五、主流媒体讲好中国体育故事话语建构需要完善策略

主流媒体讲好中国体育故事是新时代我国对外进行体育传播的新命题，特别是在海外社交平台的对外传播过程中，存在语境差异，存在经验不足，需要从中国体育故事话语内容、话语形式和话语互动等方面提升话语建构的创造力、表现力和融通力。中国主流媒体要采用视觉化和感官化的呈现方法讲好中国体育故事，以降低海外受众对中国体育故事理解的难度；整合新媒体技术，完善传播矩阵，提升中国体育故事的互动体验，加强与海外受众的互动，增强与受众的联系；增强中国体育故事的丰富性和层次感，立体呈现真实的中国体育

故事。

概言之，中国主流媒体讲好中国体育故事的话语建构是基于习近平总书记提出的"讲好中国故事"重要论述，以实现体育强国建设和构建人类命运共同体为根本目标而展开的。讲好中国体育故事需要创新包容开放的话语体系，促进中国国际话语权进一步增强；需要增强叙事深度，促进体育文化繁荣发展。未来的体育对外传播道路还长，在努力建设体育强国的进程中，讲好中国体育故事永远是时代命题。

参考文献

[1] 张凤阳. 政治哲学关键词 [M]. 南京：江苏人民出版社，2006.

[2] 刘继南，周积华. 国际传播与国家形象：国际关系的新视角 [M]. 北京：北京广播学院出版社，2002.

[3] 郭庆光. 传播学教程 [M]. 北京：中国人民大学出版社，1999.

[4] 单波. 20世纪中国新闻学与传播学·应用新闻学卷 [M]. 上海：复旦大学出版社，2001.

[5] 曾庆香. 新闻叙事学 [M]. 北京：中国广播电视出版社，2005.

[6] 陈晓明. 辟构的踪化历史、话语、主题 [M]. 北京：中国社会科学出版社，1994.

[7] 福柯. 知识考古学 [M]. 北京：生活·读书·新知三联书店，1998.

[8] 费尔南迪·德·索绪尔. 普通语言学教程 [M]. 上海：上海人民出版社，1985.

[9] 费尔克拉夫. 话语与社会变迁 [M]. 殷晓蓉，译. 北京：华夏出版社，2003.

[10] 伊格尔顿. 二十世纪西方文学理论 [M]. 伍晓明，译. 北京：北京大学出版社，2007.

[11] 威廉·E. 布隆代尔. 《华尔街日报》是如何讲故事的 [M]. 徐扬，译. 北京：华夏出版社，2006.

[12] 赖东威. 我国社交媒体账号的对外传播之道：以"人民日报"Facebook账号"特朗普访华"议题报道为例 [J]. 新闻传播，2018（8）：17-18.

[13] 胡岸，陈斌. 国家议题的对外传播效果分析：以"一带一路"在海外社交媒体上的框架分析为例 [J]. 编辑之友，2018（12）：75-78，90.

[14] 韦笑，潘攀. 社交媒体时代中国国家形象的对外传播策略：基于2017年CGTN海外社交媒体的中国报道分析 [J]. 传媒，2018（19）：79-81.

[15] 周翔，胡成志. 新媒体语境下新华网国际传播问题与对策分析：以布鲁塞尔爆炸案报道为例 [J]. 今传媒，2016，24（9）：4-8.

[16] 赵亿. 社交媒体对外传播中的话语策略研究 [J]. 湖北师范大学学报（哲学社会科学

版），2019，39（5）：82-84.

[17] 司显柱，赵艳明．论对外新闻话语创新：基于中外媒体"中国梦"英语话语对比视角[J]．中国外语，2019，16（3）：97-107.

[18] 潘艳艳．美国媒体话语霸权下的中国海上力量构建：基于2013—2014年美国"战略之页"网站有关中国海军新闻报道的批评话语分析[J]．外语研究，2015（2）：7-12.

[19] 蒋晓丽，雷力．中美环境新闻报道中的话语研究：以中美四家报纸"哥本哈根气候变化会议"的报道为例[J]．西南民族大学学报（人文社科版），2010，31（4）：197-200.

[20] 胡蝶，辛斌．中美报纸硬新闻时态非连续性间接引语比较研究：以《中国日报》和《华盛顿邮报》为例[J]．外语研究，2013（6）：39-43.

[21] 王永贵，刘泰来．打造中国特色的对外话语体系：学习习近平关于构建中国特色对外话语体系的重要论述[J]．马克思主义研究，2015（11）：5-14，159.

[22] 陈力丹．深刻理解"新闻"：读梵·迪克《作为话语的新闻》[J]．新闻大学，2004（4）：89-90.

[23] 庄晓莹．新媒体环境下主流媒体讲好中国故事的叙事策略探究：以2018年上海合作组织青岛峰会报道为例[J]．新媒体研究，2018，4（24）：132-133.

[24] 曲晓程，姜洁冰．十九大新媒体对外传播效果浅析：以推特平台涉十九大内容及《人民日报》账号为例[J]．对外传播，2017（11）：7-9.

[25] 胡晓明．如何讲述中国故事？："中国文化走出去"的若干理论与实践问题[J]．华东师范大学学报（哲学社会科学版），2013，45（5）：107-117，155.

[26] 李敬．传播学领域的话语研究：批判性话语分析的内在分野[J]．国际新闻界，2014（7）：6-19.

[27] 朱元凯．热点事件中的议程设置理论分析[J]．新闻研究导刊，2020，11（15）：89-90.

[28] 梅熙语．使用与满足理论视角下方言短视频的传播策略探析[J]．汉字文化，2021（23）：20-22.

[29] 陈文胜，孙壮珍．论社交媒体时代中国文化软实力的对外传播[J]．天津行政学院学报，2018，20（1）：36-42.

[30] 冯冰，曾繁娟，孔张艳．新华社海外社交媒体融合发展创新经验[J]．国际传播，2018（3）：64-68.

[31] 李德芳．体育外交：公共外交的"草根战略"[J]．国际论坛，2008（6）：11-77.

[32] 曹明香，廖欢．新媒体语境下"议程设置"理论的应用对策研究[J]．今传媒，2021，

29（5）：33-35.

[33] 曾敏君．"使用与满足"理论视域下《非正式会谈》的成功之道［J］．新媒体研究，2021，7（17）：90-92.

[34] 陈嘉仪．"使用与满足"理论视域下哔哩哔哩弹幕网知识区内容生产研究［J］．科技传播，2021，13（16）：109-112，152.

[35] 陈曙光．中国话语与话语中国［J］．红旗文稿，2015（21）：41.

[36] 张康之．中国道路与中国话语建构［J］．国家行政学院学报，2017（1）：25-30，125-126.

[37] 刘瑞生，王井．"讲好中国故事"的国家叙事范式和语境［J］．甘肃社会科学，2019（2）：151-159.

[38] 李希光，郭晓科．主流媒体的国际传播力与提升路径［J］．重庆社会科学，2012（8）：5-12.

[39] 卢凯，卢国琪．论打造马克思主义中国化话语体系的路径［J］．探索，2013（5）：14-18.

[40] 刘永涛．理解含义：理论、话语和国际关系［J］．外交评论（外交学院学报），2007（2）：19-25.

[41] 杨昕．中国共产党意识形态话语权的构成要素及其实现［J］．湖北行政学院学报，2013（3）：48-52.

[42] 陈冬生．中国话语权［J］．社会科学战线，2015（3）：13-14.

[43] 白立新．略论党的意识形态工作话语权的内涵与本质［J］．思想政治教育研究，2015，31（5）：106-109.

[44] 胡春阳．传播研究的话语分析理论述评［J］．西南民族大学学报（人文社科版），2007（5）：152-155.

[45] 韩庆祥．中国话语体系的八个层次［J］．社会科学战线，2015（3）：1.

[46] 陈曙光，余伟如．中国话语建构：原则与目标［J］．湖湘论坛，2014，27（4）：17-22.

[47] 韩玲，杨义福．改革开放以来构建中国特色话语体系的思考［J］．思想理论教育导刊，2018（1）：72-76.

[48] 忻平，于智慧．加强哲学社会科学话语体系改革　创新学术理论研究与传播［J］．毛泽东邓小平理论研究，2017（1）：83-89，108.

[49] 陈东琼．马克思主义大众化与中国特色社会主义话语体系的构建［J］．思想教育研究，2016（2）：44-47.

[50] 王翼．国际话语权演变特点与中国话语建构［J］．毛泽东邓小平理论研究，2016（4）：

66-71，93.

[51] 姚晓东．如何向世界讲述中国故事：美国媒体国际传播的经验及启示［J］．江海学刊，2010（6）：104-110.

[52] 杨晓恒．人民日报Twitter账号推文分析及媒体"出海"思考［J］．新媒体研究，2019，5（1）：95-96.

[53] 李惠男，董晓彤．跟习近平学习"讲好中国故事"［J］．思想政治工作研究，2016（11）：73-75.

[54] 李彩玉．梵·迪克新闻话语分析理论视角创新性和适用性［J］．中国传媒科技，2012（24）：234-236.

[55] 石义彬，王勇．福柯话语理论评析［J］．新闻与传播评论（辑刊），2010（1）：26-33，234.

[56] 文贵良．何谓话语？［J］．文艺理论研巧，2008（1）：51-58.

[57] 范宏雅．近三十年话语分析研究述评［J］．山西大学学报，2003（6）：97-100.

[58] 李丹丹．跨文化语境下主流媒体如何讲好中国故事［J］．视听，2019（9）：199-200.

[59] 薄莎．主流媒体讲好中国故事的五条路径［J］．青年记者，2020（18）：59-60.

[60] 许静，刘煦尧．以海外社交媒体策略传播讲好中国故事［J］．中国出版，2017（18）：7-11.

[61] 黄良奇．习近平"讲好中国故事"思想探析［J］．中国井冈山干部学院学报，2018，11（2）：23-31.

[62] 徐占忱．讲好中国故事的现实困难与破解之策［J］．社会主义研究，2014（3）：20-26.

[63] 阮静．文化传播背景下讲好中国故事的原则和策略［J］．西南民族大学学报（人文社科版），2017，38（5）：178-184.

[64] 师蔷薇．习近平"讲好中国故事"思想研究［D］．太原：太原理工大学，2016.

[65] 任林洁．主流媒体跨文化传播的话语通约性研究［D］．厦门：华侨大学，2020.

[66] 刘玉瑶．中国文化国际社交媒体上的传播效果研究［D］．上海：上海外国语大学，2018.

[67] 吴立斌．中国媒体的国际传播及影响力研究［D］．北京：中共中央党校，2011.

[68] 程小玲．公共外交视野下我国主流媒体的国际传播力研究［D］．武汉：武汉大学，2016.

[69] 陈冠合．讲好中国故事的叙事策略研究［D］．南京：南京大学，2020.

[70] 龙蓉．习近平全面深化改革话语建构研究［D］．南昌：江西师范大学，2019.

[71] 李思燕. 中国媒体海外社交平台国际传播力研究［D］. 上海：上海外国语大学，2018.

[72] 师蔷薇. 习近平"讲好中国故事"思想研究［D］. 太原：太原理工大学，2016.

[73] 游恒振. 建设国际一流媒体，积极争取国际话语权［D］. 北京：北京邮电大学，2012.

[74] 胡春阳. 传播的话语分析理论［D］. 上海：复旦大学，2005.

[75] 任林洁. 主流媒体跨文化传播的话语通约性研究［D］. 厦门：华侨大学，2020.

[76] 朱溪.《人民日报》在 Facebook 上的发布内容特点及策略分析［D］. 北京：北京外国语大学，2016.

[77] 新华社"舆论引导有效性和影响力研究"课题组. 主流媒体如何增强舆论引导有效性和影响力之一：主流媒体判断标准和基本评价［R］. 中国记者，2004（1）：4-5.

附录1 / APPENDIX 01

表1 新华体育推特中国体育故事推文名词词频表

推文词汇	词频（次）	推文词汇	词频（次）	推文词汇	词频（次）
China	2891	event	198	swimming	111
Olympic	1154	top	190	silver	108
team	848	province	177	youth	108
game	743	match	177	ice	108
women	740	star	170	singles	106
gold	469	skating	170	race	106
sports	427	association	164	competition	101
men	406	record	161	country	100
champion	353	marathon	161	track	91
championship	349	season	150	people	89
league	340	city	148	gymnastics	89
player	294	Globalink	147	fans	89
football	284	qualify	138	tournament	87
basketball	259	president	134	speed	87
medal	259	club	134	side	85
coach	249	group	131	points	80
tennis	209	athletes	125	place	79
table	205	qualifier	117	opening	78
volleyball	201	figure	114	bronze	78

续表

推文词汇	词频（次）	推文词汇	词频（次）	推文词汇	词频（次）
athletics	78	university	50	stadium	37
home	75	media	49	sprinter	37
skiing	73	challenge	47	snow	37
ceremony	73	qualification	47	pair	36
military	71	dream	46	prix	35
doubles	71	striker	46	table tennis	35
goal	66	series	46	kids	34
stage	65	school	46	fun	34
soccer	65	performance	45	diving	33
swimmer	64	weightlifting	45	challenge	33
Covid-19	63	medalist	45	midfielder	32
chief	63	photo	44	dragon	32
runner	62	video	43	loss	32
badminton	62	trophy	43	semifinal	32
venue	61	region	43	tie	31
paralympic	57	part	42	session	31
hockey	57	pandemic	42	quarterfinals	31
history	54	martial	42	mvp	31
draw	54	committee	42	legend	31
program	53	camp	42	body	31
half	53	court	41	flag	30
dance	53	seconds	40	culture	30
center	53	member	40	students	29
winner	52	future	40	gala	29
squad	51	forward	40	federation	29
semifinals	51	week	39	experience	29
captain	51	behind	39	career	28
curling	51	life	38	injury	27

— 111 —

续表

推文词汇	词频（次）	推文词汇	词频（次）	推文词汇	词频（次）
show	27	pool	21	exercise	19
fitness	27	halfpipe	21	veteran	19
slam	26	girls	21	skater	18
skills	26	field	21	clash	18
shooting	26	award	21	seed	18
rider	26	swimmers	21	rankings	18
delegation	26	springboard	21	preparation	18
coronavirus	26	road	21	power	18
campaign	26	playoffs	20	point	18
summer	25	journey	20	taekwondo	17
chance	25	female	20	snowboard	17
capital	25	cycling	20	skaters	17
ticket	24	compatriot	20	sensation	17
platform	24	company	20	partner	17
paddlers	24	boxer	20	nations	17
horse	24	medalists	37	popularity	15
giant	24	water	33	footballers	15
warm-up	23	square	19	chess	14
village	23	spirit	19	exhibition	13
turkey	23	spiker	19	kungfu	11
step	23	preparations	19	shaolin	6
snooker	23	news	19	lion	4
retirement	23	mountain	19		
holder	23	meeting	19		
success	22	masters	19		
photographer	22	knee	19		
opener	22	interview	19		
scores	21	feel	19		

表2 新华体育推特中国体育故事推文体育专属名词词频表

专属名词	推文词汇	词频（次）
比赛/体育组织名称	World Cup	658
	Asian Games 2018	334
	Tokyo 2020	284
	Beijing 2022	157
	FIFA	139
	FIBA	90
	FINA	80
	Pyeongchang 2018	79
	CBA	68
	FIBA	67
	CSL	66
	ISU	63
	IOC	52
	ITTF	45
	FIS	45
	IAAF	36
	CFA	30
	FIVB	28
	AFC	28
	US Open	18
	WTA	18
	UCI	14
	French Open	7
	UEFA	6
	IIHF	5
	Premier League	5
	WCBA	4
	ISSF	4

— 113 —

续表

专属名词	推文词汇	词频（次）
比赛/体育组织名称	ATP	2
地名	Beijing	347
	Tokyo	181
	Japan	141
	Korea	111
	Shanghai	92
	Wuhan	72
	Tianjin	69
	France	63
	Guangzhou	61
	Brazil	60
	Rio	50
	Germany	49
	Spain	48
	Zhejiang	43
	Shandong	43
	Xinjiang	40
	Qatar	40
	England	40
	Shenzhen	39
	Belgium	37
	Australia	36
	Turkish	35
	Dalian	35
	Pairs	34
	Thailand	33
	Italy	33
	Taipei	32

续表

专属名词	推文词汇	词频（次）
地名	Jiangsu	30
	USA	30
	Chongli	29
	Hebei	28
	Hangzhou	27
	Guangdong	26
	Switzerland	25
	Liaoning	24
	Changsha	24
	Hunan	23
	Chongqing	22
	Qingdao	19
	Guangxi	19
	Qinghai	19
	Chengdu	19
	Hainan	15
	Guizhou	15
	Zhangjiakou	15

表3 新华体育推特中国体育故事推文动词词频表

推文词汇	词频（次）	推文词汇	词频（次）	推文词汇	词频（次）
win	763	lead	136	come	86
training	212	finish	129	see	80
set	172	read	116	announce	80
take	167	held	112	defend	75
beat	161	head	102	help	73
claime	148	defeat	97	become	73
host	147	fight	86	look	71

— 115 —

续表

推文词汇	词频（次）	推文词汇	词频（次）	推文词汇	词频（次）
kick	69	move	44	appointed	24
check	69	make	38	advance	24
tour	66	debut	32	stay	23
follow	66	put	37	lift	23
reach	64	lost	37	celebrate	23
named	63	run	36	sweep	22
play	62	watch	35	rally	22
start	60	compete	35	hit	22
show	56	work	33	face	22
ready	56	postponed	33	walk	22
hope	52	meet	32	give	21
join	51	called	30	leave	21
like	49	naturalized	29	control	21
doping	49	bid	29	keep	20
return	48	outbreak	28	visit	19
get	46	show	27	try	19
relay	45	enjoy	27	case	19
let	44	prepare	25	welcome	17
test	42	learn	25	support	17
scored	41	find	24	suffers	17
may	38	break	24	miss	16

表4 新华体育推特中国体育故事推文形容词词频表

推文词汇	词频（次）	推文词汇	词频（次）	推文词汇	词频（次）
Chinese	2213	super	191	victory	106
first	456	former	133	short	106
national	396	second	128	third	88
winter	375	last	127	straight	87
final	342	best	111	freestyle	72

续表

推文词汇	词频（次）	推文词汇	词频（次）	推文词汇	词频（次）
next	71	autonomous	34	completed	26
high	70	northwest	33	full	24
grand	68	better	33	far	24
upcoming	60	happy	32	confirmed	24
traditional	57	hard	31	total	22
young	54	American	31	synchronized	21
ahead	53	flying	30	scheduled	21
still	52	crowned	30	online	21
global	49	professional	29	recent	21
ethnic	48	local	29	legendary	19
mixed	47	Brazilian	29	biggest	19
central	42	consecutive	28	expected	18
great	39	successful	27	domestic	18
past	37	special	27	beautiful	18
north	37	many	27	southeast	17
popular	36	individual	27	personal	17
japanese	36	official	26	exclusive	15
good	34	major	26		

附录2 APPENDIX 02

表5 新华体育推特讲好中国体育故事推文情感数据表(部分)

推文内容	极性
Beijing Kunlun Red Star beat Slovan Bratislava 2-1 in overtime in a KHL ice hockey match	0
Snow & ice fun as China is encouraging 300 million people to take up winter sports ahead of the 2022 Beijing Winter Olympic Games	0.3
Have a look at the breathtaking @ UIAAmountains Ice Climbing World Cup in Beijing	1
Sometimes you fall, but most times you'll have fun. China holds an alpine skiing national event in Chongli to let more people know the event	0.433333333
China's Olympic MVP player Zhu Ting helps Turkish club Vakifbank beat Eczacibasi 3-2 at CEV Champions League Group D match in Istanbul	0
Beijing will host World Women's #Curling Championships 2017 on March 18-26	0
Chinese figure skating pairs are preparing for the upcoming Almaty Winter Universiade 2017	0
China's world famous sculptor Wu presents a Pierre de Coubertin statue as gift to International @ Olympics Committee xhne. ws/34yRG	0.25
Chinese e-commerce company Alibaba Group becomes a top sponsor ofthe International Olympic Committee until 2028	0.166666667
May next Bruce Lee get spotted at the first everKungfu World Cup?	0.125
Not an Olympic champ, yet the most popular athlete in China, Fu Yuanhui joins short comedy show at #chunwan, the Lunar New Year TV gala	0.309090909
China now works on Happy Gymnastics which aims to create super fun lesson with understanding of both how kids learn & gymnastics progression	0.477777778
Chinese kids now have fun with winter sports as Beijing prepares for the 2022 Winter Olympics	0.15
Former world No.1, Olympic and world champion Chen Long leads Qingdao Renzhou to be crowned at the 2016-2017 China Badminton Super League	0.094444444

续表

推文内容	极性
Skiing, winter-swimming, ice-fishing, "streetball"…Sports come out the new fashion for Chinese in #SpringFestival holiday	0.068181818
Safety is given priority in China's ski industry boom after 3 skiing deaths in 2017	0
Ethiopian runners won both the men's and women's titles of Standard Chartered Hong Kong #Marathon 2017.	0
#China's 1st ever Olympic judo male medalist Cheng Xunzhao strikes maiden Grand Slam title at #JudoParis2017 in -90kg	0.25
Special bike designed to promote #beijing 2022 winter @ Olympics draws much attention as sportsgear designer Meng Jie travels +1000km on it	0.278571429
About 300mln people in #China expected to be involved in winter sports thanks to @ Beijing_ 2022 winter Olympics. Beijing students among them	0.05
First training of Chinese speed skaters at Asian Winter Games. China won a gold in speedskating at Sochi Olympic Games	0.083333333
Have a look at Chinese delegation's entrance at Asian Winter Games #OpeningCeremony. Short track world champ Wu Dajing is flag bearer	0
Olympicspeedskating champion Zhang Hong settles for an #AsianWinterGames bronze but sets her eyes on next year's Pyeong Chang Winter Games	0
China dominates 500m short track, Japan sweeps speed skating @ day-2 Asian Winter Games #SAPPORO2017	0
Yao Ming, first non-governmental personage elected as CBA president, receives the letter of appointment and hands those over to his deputies	0.25
I am staying at Manchester United, said Wayne Rooney, dismissing talk of a possible move to China after linked with several CSL clubs	0
#China's gymnasts in medal haul at WorldCup of Gymnastics in Melbourne	0
School kid Wang Guanqi is competing in an U10 skiing challenge. About 300mln people in #China to be involved in winter sports @ Beijing_ 2022	0
Who can break China's ice hockey deadlock xhne.ws/z5VJe	0
@ Beijing_ 2022 officially start marketing program, including sponsorships, licensing products & ticketing @ Olympics xhne.ws/aCez5	0
The best square dance I've ever seen in China	1
Lang Ping, a former volleyball player, a successful coach, and a good cook. @ FIVBvolleyball	0.483333333
China's first ever Olympic speed skating champ Zhang Hong is dealing with her knee injury, aiming to retain her title in #Pyeongchang2018	0.25

续表

推文内容	极性
Take a look at the elephant polo events, the most fun you can have in Thailand	0.4
Has the skiing and skating season in your time zone been OFF? It's still ON in the warm spring of Nanjing, E. China, well, artificially	0
Viking Roar from local fans is now ON. The Chinese team kicks off a 2018 World Cup qualifier against South Korea in Changsha, Mid China	0
China 1 South Korea 0 – World Cup 2018 qualifications Marcello Lippi and his Chinese national team win the must-win, the first in six so far	0.39
Sing! Local fans in festival mood after China win 1–0 over South Korea in Changsha to keep slim hope for 2018 World Cup qualification alive	0.3
How a fisherman become a record-breaking ultra-marathon sensation	0
Strength and stamina ultimately set Chen Penbin in perfect stead for a career as an ultra-marathon runner	0.5
Argentina condemned by its own press for winning a must-win World Cup qualifier "without football and without ideas" xhne.ws/FxogQ	0.633333333
Ultra life 2 – Chen Penbin, from a fisherman to a record-breaking ultra-marathon runner	0
Look at these young climbers, so into it, rather than taking the Future Star Rock Climbing tourney in Guangzhou, S. China as a competition	0.05
German runner Kai Markus Xiong enjoys his 12,000km super marathon xhne.ws/6afTP	0.166666667
Beijing gains experience needed for #Beijing2022 by hosting World Curling Championships xhne.ws/1vAHN	0
China's Olympic MVP player Zhu Ting helps Vakifbank beat Besiktas 3–2 at the Turkish Women Volleyball League Playoffs quarterfinals	0
Lang Ping is named as chief coach of Chinese national women's volleyball team	0
China's Sui Wenjing/Han Cong leads pairs short program at @ISU_ Figure #WorldFigure Skating Championships. Yu Xiaoyu/Zhang Hao takes fourth	0

表6 新华体育推特讲好中国体育故事推文数据表（部分）

发布时间	评论数（个）	转发数（次）	点赞数（个）	推文内容	话题
Jan 11, 2017	3	29	52	The #FIFA Council has unanimously decided in favor of expanding the FIFA World Cup to a 48-team competition as of the 2026 edition	FIFA
Jan 28, 2017	6	35	148	Not an Olympic champ, yet the most popular athlete in China, Fu Yuanhui joins short comedy show at #chunwan, the Lunar New Year TV gala	chunwan
Feb 06, 2017	9	61	132	Around 1,000 people stripped down to swimsuits and underwear to take part in the European Sauna Marathon in Otepaa, Estonia	—
Feb 18, 2017	8	36	122	About 300mln people in #China expected to be involved in winter sports thanks to @ Beijing_ 2022 winter Olympics. Beijing students among them	China
Feb 25, 2017	19	30	110	#China's gymnasts in medal haul at World Cup of Gymnastics in Melbourne	China's
Mar 03, 2017	15	58	148	The bestsquare dance I've ever seen in China	—
Mar 31, 2017	8	74	237	China's Sui Wenjing and Han Cong survive a fall to claim a first pairs gold at @ ISU_ Figure # WorldFigure Skating Championships in Helsink	WorldFigure
Apr 09, 2017	3	75	114	Cupping andacupuncture are used in medical service at the 2017 Yangling International #Marathon in China	Marathon
Apr 26, 2017	6	49	111	Wanna run this 1.5km special "marathon" in Lima? You must be as fast as your dog	—
Apr 29, 2017	4	41	113	Spending the #laborday in Beidaihe's International Inline Skating Marathon seems so much fun	laborday
May 08, 2017	11	94	183	This is how Olympic champions are made. Watch Chinese team libero Lin Li's intense training regime	—
Jun 19, 2017	6	21	90	With the view of lake andsnow-capped mountains, the 2017 Heavenly Lake Mountain # Marathon attracts 2700 runners from home and abroad	Marathon

续表

发布时间	评论数（个）	转发数（次）	点赞数（个）	推文内容	话题
Jul 09, 2017	6	62	188	Dragon dance is one of Chinese traditional sports, this year it has become an event of Chinese National Games	—
Jul 25, 2017	3	24	101	1∶44.39! #China's Sun Yang pockets his second title at FINA World Championships in Budapest, coming from behind to win men's 200m freestyle	China
Aug 12, 2017	4	32	278	#Beijing 9 years on: What has been the Olympic legacy? Wukesong Arena is now able to switch from rink to court in 6 hours. Isn't it magic?	Beijing
Sept 06, 2017	4	49	140	LIVE: Can #TableTennis world No.1 Ma Long and No.2 Fan Zhendong pull off epic final in China's National Games?	TableTennis
Sept 21, 2017	3	33	134	The glorious Chinese short track speed skating team are busy preparing for the Winter Olympic Games	—
Oct 23, 2017	2	66	143	Guangzhou Evergrande claim seventh straight #CSL title with sweet 5-1 victory over Guizhou Hengfengzhicheng	CSL
Oct 29, 2017	24	115	318	Have a look at the training session of Chinese figure skating world champions Han Cong and Sui-Wenjing	—
Nov 19, 2017	3	31	183	Will Gong Shou Dao, an innovated form of Tai Chi founded by Jack Ma and Jet Li, become a new Olympic program	—
Dec 20, 2017	6	25	90	Can you imagine how people do #skiing in 10+℃? Check the video shot in Zhejiang, East #China	skiing
Dec 31, 2017	8	47	183	A performance of fire dragon dance and steel spark in Zaozhuang, China's Shandong province, greets the arrival of 2018	—
Jun 19, 2018	7	31	114	Wanna go #skiing? Come to Altay Mountain, one of the best resorts to ski, located in the north of Xinjiang Uighur Autonomous Region	skiing

续表

发布时间	评论数（个）	转发数（次）	点赞数（个）	推文内容	话题
Feb 12, 2018	3	19	71	Skating on the wall@ pyeongchang2018	—
Feb 17, 2018	3	60	190	Jin Boyang ranked fourth in #PyeongChang2018 men's single figure skating, the best ever Chinese finish in this Olympic event	PyeongChang2018
Apr 15, 2018	3	20	78	China is running. Over 30 marathon and half marathon tournaments are being held across the country	—
May 30, 2018	1	12	50	Zhu Ting's game-high 19 points secured China's comfort 3-0 win over Japan in #VolleyballNationsLeague2018xhne.ws/eE7Dr	VolleyballNationsLeague2018
Jul 10, 2018	7	22	83	#WorldCup Preview ｜ Belgium and France evenly matched heading into World Cup semifinal xhne.ws/jAtZ2	WorldCup
Aug 23, 2018	2	51	192	Her LEGENDARY story continues! 43-year-old Oksana #chusovitina still competing, winning silver in vault at #AsianGames @gymnastics @insideGym	Chusovitina, AsianGames
Aug 26, 2018	9	442	381	Rio Olympics champion Chen Long lost to Indonesia's Ginting Sinisuka 2-0 in quarters. It's the first time no Chinese in #AsianGames last four in 16 years	AsianGames
Oct 05, 2018	6	44	128	16-year-old #Chinese Wang Jianjiahe sets a new world record of women's 400m freestyle on 3:53.97 while she wins @fina1908 #swimming World Cup	Chinese, swimming
Nov 29, 2018	8	25	88	258 runners accused of cheating during last Sunday's Shenzhen Half Marathon	—
Dec 09, 2018	8	14	121	RikaKihira of Japan grabs the gold medal at ISU Grand Prix of Figure Skating competed on the campus of the University of British Columbia in Vancouver	—

续表

发布时间	评论数（个）	转发数（次）	点赞数（个）	推文内容	话题
Dec 19, 2018	2	12	104	Go flying high, #China's freestyle #skiing aerial national team!	China's, skiing
Jan 01, 2019	3	11	93	Chinese equstrian Hua Tian's top goal in 2019 is to qualify for #Tokyo2020 Olympics xhne.ws/bhLad	Tokyo2020
Feb 10, 2019	0	155	387	Shoma Uno of Japan claimed the men's title at the Four Continents Figure Skating Championships. China's Jin Boyang won the silver while American Vincent Zhou took the bronze#4ContFigure@ ISU_Figure	4ContFigure
May 23, 2019	2	5	10	China's former Winter Olympic champion Yang Yang is nominated by #IOC for #WADA vice presidency	IOC, WADA
Jul 21, 2019	1	2	39	China's Sun Yang wins fourth consecutive 400m freestyle title at FINA worlds#FINAGwangju2019	FINA Gwangju2019
Sept 23, 2019	1	2	6	China thrash United States in straight sets 25-16, 25-17, 25-22 to snatch their seventh victory in a row, poised to defend the title of Women's Volleyball World Cup	—
Nov 04, 2019	4	11	21	The trials and tribulations of a future Olympic champion. Tough love creates China's ping pong success	—
Dec 02, 2019	1	7	18	CBA star Jeremy Lin gives his sneakers to Olympic champion swimmer Sun Yang following Beijing's 78-93 loss to Guangdong	—
Feb 09, 2020	2	381	783	Japan's #YuzuruHanyu wins his maiden Four Continents title, becoming the first male skater to complete a "Super Slam" of singles figure skating titles	Yuzuru Hanyu
Mar 12, 2020	0	21	45	World champion of pairs figure skating, Sui Wenjing, says she's sad but understanding the @ ISU_ Figure decision of canceling #Montreal worlds. Read more：xhne.ws/P9AtZ	Montreal

续表

发布时间	评论数（个）	转发数（次）	点赞数（个）	推文内容	话题
Jul 04, 2020	1	43	83	2 Olympic gold medalist 5-time world champion 5-time Sudirman Cup winner 6-time Thomas Cup winner China's "Super Dan" #LinDan ends 20-year national team career	LinDan
Jan 05, 2021	0	8	25	Don't let failure or fear kill your dreams. Click to watch the motivational stories of two girls. #Sport @ olympics	Sport
Feb 15, 2021	1	11	9	Chinese athletes preparing for the #Beijing2022 Winter Olympics during the Lunar New Year holidays, took a break from their rigorous training to collaboratively dance to a popular song - "You Look So Beautiful When You Smile" #GLOBALink	Beijing2022, GLOBALink
Apr 19, 2021	1	3	11	Learn how Zhangjiakou tested its readiness for the Beijing 2022 Winter Olympics. #GLOBALink #Beijing2022	GLOBALink
May 01, 2021	1	1	16	Should the Tokyo Olympics take place as scheduled, it will be a great one and of great significance, says #China's women's volleyball coach Lang Ping. xhtxs.cn/eo7	China's
Jun 16, 2021	1	1	12	#China advance to 12-team final round of #FIFA World Cup Asian Zone qualifying tournament after beating #Syria 3-1xhtxs.cn/grD	China, FIFA, Syria
Jul 01, 2021	1	4	10	#China announces a 14-player badminton squad for #Tokyo2020 #Olympic Games, with Rio champion Chen Long and women's singles sensation Chen Yufei spearheading the roster xhtxs.cn/g1O	China, Tokyo2020, Olympic
Jul 14, 2021	1	13	21	The 10 star athletes of #China missing at #Tokyo2020 Olympics：xhtxs.cn/hzO	China, Tokyo2020
Jul 15, 2021	3	39	32	Chinese athletes ready for the #Tokyo2020 #Olympicsxhtxs.cn/hBk	Tokyo2020, Olympics

续表

发布时间	评论数（个）	转发数（次）	点赞数（个）	推文内容	话题
Jul 24, 2021	1	4	17	Chinese fencer #SunYiwen won the first women's #epee individual #Olympic gold medal at #Tokyo2020 xhtxs. cn/h3x	SunYiwen, epee, Olympic, Tokyo2020
Jul 28, 2021	3	2	14	#China takes a record-extending fourth Olympic gold medal in the men's synchronised 3m springboard with a convincing win by Wang Zongyuan and Xie Siyi #Tokyo2020 xhtxs. cn/idn	China, Tokyo2020